當我們一起活到100歲

人生百年時代，
日本教我們的那些事

福澤喬 著
JOEL FUKUZAWA

Contents

Chapter 2
人生下半場，開拓新生活

Contents

推薦序

人生的第二曲線，波瀾壯闊的樂章才正要展開

中年級實習生、數位轉型顧問
李全興（老查）

管理學大師彼得．杜拉克在《創新與創業精神》中提到，從人口數、年齡結構、組成情況、就業情況、壽命等等的演變，就可以看到未來市場即將會發生的變化。這些都有明確且公開的數據可查考，且變化會需要一段時間才形成，有十幾年甚至是更長的時間可以讓我們準備。

但是，杜拉克也感嘆，通常人在做決策時，往往忽視了思考這些變化的重要性與必然性。而《當我們一起活到一百歲》正是一個很好的提醒：百歲人生，已經是必然發生在你我身上的變化，但我們有意識到嗎？

根據內政部二〇二一年八月發布，臺灣人平均壽命為八十一點三歲，其中男性七十八點一歲、女性八十四點七歲，都達到歷年新高。以五十世代的我來說，看起來要再活三十年的問題不大。如果健康許可，至少還有二十到二十五年是「可以工作」的狀態。相信這不會是我獨有的狀況，我的同輩，甚至是更年輕的世代，都會是相同的情況。

也因此我對《當我們一起活到一百歲》書中的「人生百年時代，重新開啟第二人生」這部分內容格外有感。以我自身為例，第一份正職工作是在二十七年前開始的，之前的工作生涯，我在眾多不同的選擇裡摸索與嘗試，前面一大段是傳統出版業，之後跨入了網際網路產業，經歷了電子商務、社群、內容等不同領域的發展。假如因為「百歲人生」，之後我還可以再工作二十年甚至更長，那麼幾乎等於是另一段同樣長的工作人生。

但之後的二十年，我是否還有同樣多的機會可以選擇？或是要展開與前半段職涯截然不同的第二曲線？同樣的，這不只是我會面臨到的問題。巨大的職涯變化正要開始，甚至正在發生中，但也許很多人還沒有意識到。也無前例可以依循，我們的父、叔輩都未曾有類似的經驗。

何況有句話說「你工作三十年賺的，不夠退休後二十年花的」，即便不思考工作，選擇退休，之後的經濟獨立，對許多人來說都是個必須擔心的問題。即便經濟無虞，如果只是健康樂活享受人生，或是透過再進修、志願工作或公益活動排遣時光，似乎也可惜了在工作上歷練大半生的能耐。

相信很多人都看過電影《高年級實習生》，劇中的 Ben 退休五年之後因為不耐無趣的生活，去應徵電商網站的熟齡實習生職務。四十多年的職場歷練使他洞悉世情、進退有據，他的睿智與經驗也因此幫助了女主角茱兒度過其事業與家庭難以兼顧的危機。但是如果認真思考，這個故事的時間軸仍然是以女主角茱兒為主的，畢竟對已經七十歲的 Ben 來說，結尾他到公園打太極拳的場景還是他生活的主要歸宿。

如果我們要幫《高年級實習生》拍一個「重開機版本」，這一次 Ben 的歲數不是七十歲，而是五十歲。那麼，相信這條時間軸將會有完全不同的走向，而且在這條時間軸，Ben 將會是理所當然的主導角色。如果把五十歲當作是另一段新職涯的起點，Ben 將會獲得另一段與前半生幾乎一樣長的時間，將有一段新的工作生命可以展開。

如同《當我們一起活到一百歲》書中提到，以日本的經驗來看：新創產業、中小企業，都需要多元且具有經驗與執行力的人才，如果臺灣也可以嘗試發展出全新的資深人才發展模式與橋接彼此，對於臺灣的發展也會是具有極大價值的新機會。

從《當我們一起活到一百歲》中的案例，我們看到了這樣的可能性：

如果熟齡工作者願意：

- 省視自己的特質與專長，不受過往的職場身分局限。
- 重燃好奇心，探索不熟悉的機會。
- 與年輕的工作者互相指導，「交換」彼此既有的能力，教學相長。
- 在溝通、判斷、決策、架構性思考、解決問體、協作等軟實力領域指導年輕人。

如果企業可以：

- 打造對熟齡工作者的友善環境，發揮其獨特的優勢。
- 宣示重視年齡多元化，積極借重熟齡工作者的經驗。
- 創造促進不同世代、專長，彼此互相指導的人員發展計畫。
- 為員工打造「長壽策略」，或發展相關的產品與服務。

那麼對於「百歲人生時代」的來臨，熟齡人士就可以用「第二次機會」來看待，與既有的「退休」最大的不同點在於，人生的第二曲線會有另一段高峰，甚至從不同的定義來說，有機會超越第一曲線的高峰點，不必只把中年之後的時光用「過好過滿」的心態去準備。「大器可以晚成」，很可能你我人生交響曲裡高潮迭起、波瀾壯闊的樂章才正要展開。

除了工作領域之外，《當我們一起活到一百歲》書中對日本的高齡化社會的社會現象、個人心理狀態、人際關係等領域，也都有所著墨，在此誠摯推薦給關注「百歲人生」議題的讀者。

推薦序

人生百年時代來臨前的提醒

臺灣產物保險股份有限公司總經理、中華民國喜願協會理事長
陳昭鋒

認識 Joel 的時間並不長，緣起於一年多前，原本約在他們嘉義的公司洽談商業火險的事，結果他居然當天臨時有事在臺北而未能南下參與開會。之後，我們在臺北第一次見了面，聊著聊著居然都是在談高齡化時代所面臨的課題，就因我過往二十七年的會計師經歷及於一〇七年畢業於臺北醫學大學長期照護研究所的轉折，而 Joel 也已有一段時間在關注日本高齡化社會的議題，當下他還開玩笑似地說，想要就他對日本高齡社會的觀察予以整理，說不定出本書。很高興，兩個月前他告知要出書了，要我幫他寫推薦序。因此，我很幸運地比讀者們更早拜讀他的新作《當我們一起活到一百歲》。

在高齡化、少子化、單身化這三方面，是臺灣和日本所面臨的相同問題，而日本又走在臺灣的前面，有許多現象及面對方式是值得我們借鏡學習的。列出一些數據，不是嚇人，而是讓大家嚴肅面對：

一、依據內政部統計，民國一〇九年國人平均壽命為八十一點三二歲，而衛福部民國一〇七年的資料顯示，國人不健康生存年數為八點四一年。

二、另依內政部資料，民國一〇九年國人六十五歲以上人口有三百七十八萬人，占百分之十六點零七，而戰後嬰兒潮（一九四六至一九六四）人數有五百八十五萬人，占百分之二十四點八三，依此情形，國家發展委員會推估民國一一四年，臺灣將進入超高齡社會（六十五歲以上長者占全國人口百分之二十以上者）。

三、依據行政院主計總處民國一一〇年八月公布一〇九年人口及住宅普查，六十五歲以上長者需要長期照護有四十八點七萬人，占六十五歲以上長者的百分之十三點三。又衛福部在民國一〇三年曾有一項調查結果，國人六十五歲以上長者自訴患有慢性病者占百分之八十一點一。另外，一〇九年人口及住宅普查，六十五歲以上長者，獨居或住機構者有六十七點四萬人，占六十五歲以上長者的百分之十八點四。

四、內政部戶政司在一〇九年度資料統計，六十五歲以上長者未婚、離婚及喪偶者分別有十四萬人、二十八萬人及一百零六萬人；而四十至六十四歲未婚、離婚及喪偶者分別有一百四十萬人、一百三十萬人及三十二萬人。未來單身化之趨勢非常明確。

另外，在個人拙著曾引用吳肖琪教授於民國一〇四年的研究，她認為世界衛生組織（ＷＨＯ）的「活躍老化」提供了追求健康的方向，但並不是追求老年時期沒有疾病，事實上這也是不切實際的目標。活躍、成功的老年生活應追求在身體、心理、社會等多方面的健康，使在老年時仍能維持自主與獨立，同時也能參與社會各項事務，提高生活品質，這才是老年生活應追求的目標。日本的學者村田裕之也指出，不管在任何調查中，「健康」、「經濟」及「孤獨」都是令銀髮長者不安排行榜的前三名。人生百年時代是該期待，還是徬徨不安，端視我們如何提前準備，還好那要到二〇六〇年才會碰到，我們仍有時間！

每年九月二十日係日本敬老日，日本總務省於今年九月十七日公布日本六十五歲以上長者占全國人口已達百分之二十九點一。其實日本早於二〇〇五年即已進入超高齡社會（六十五歲以上長者占全國人口百分之二十點二），而根據中華民國國家發展委員會推估，我們將於二〇二五年進入超高齡社會。日本早了我們二十年進入超高齡社會，他們之前所走過及目前仍面臨的問題、現象、因應對策，諸如Joel所觀察的「長壽大國的困境：沒有錢的老後」、「超高齡社會的悲歌：老年照護」、「孤獨死」、「追求自我，享受更舒服自在的『老活』」、「離婚不是悲傷的終點，是追尋幸福的開始」、「活到老學到老：終身學習時代來臨」等，都是值得我們提前去思考與應對的態度。但重點是，我們都沒有老過，也覺得自己離「老」還有一段時間，根據智榮基金會於民國一〇八年在無齡生活系列中提及，現今中高齡人群的心理年齡約略比實際年齡小上十歲。因此，不願思考自己未來老年生活的場景，抱持船到橋頭自然直；或不敢或不想與父母討論老年的生活種種，這些才是我們將來的問題。其實，「老」是不可逆的，正向面對它，是必要的。我相信，「健康快樂的老活」是每個人都想追求的，至於是否「人生百年」，隨它去吧！

各位，不管你現在的年紀，撥點時間翻翻這本書，對你自己或父母，肯定會有所體悟。

自序

人生時間軸 2.0 讓我們一起活到一百歲

這幾年日本少子高齡化的速度，不但沒有趨緩，反而速度越來越快。日本厚生勞動省發布的最新數字中，二〇二一年日本十九歲以下人口為兩千零四十四萬人，占日本總人口數的百分之十六，但是到了二〇六五年十九歲以下人口只剩下一千兩百三十七萬人，占日本總人口數的百分之十四。但是六十五歲以上的人口，則是從現在的三千六百三十九萬人，到四十年後人數沒有太大變化的三千三百八十一萬人。這個數字說明了，未來的日本每四個人就會有一名超過六十五歲。未來人們拜醫學發達之賜，百歲人瑞不再是新鮮事。但是相對的，我們從過去所習慣的人生時間軸，是不是還能持續沿用？

請你閉上眼睛，陪我一起想像這樣的一個畫面：你從母親的身體呱呱墜地，你的人生時間軸開始啟動，依照過去的版本。我們將在二十歲左右完成大學的學業，進入社會，我們可能在這段期間，會遇到相愛的伴侶，結婚，共同為未來的人生打拚。到了三十至四十歲，你可能聽到孩子叫你第一聲的爸爸或是媽媽，然後你開始想到應該要買房、買車，還得要幫孩子準備教育基金，如果人生一切順遂，到了六十五歲，你的孩子們也都長大，自立門戶。你回頭想想這一路走來，四十多年的奮鬥，總算可以好好喘口氣。但是，這個時候，你轉頭一望，你剩下來的人生，還有三十五年，這將近是你職涯的另一段長河，可是站在渡船口的你，卻沒有任何的藍圖以及手冊可以參考，因為我們的前輩們，沒有人有機會走到這個位置。三十五年的人生，說長不長，說短不短。也許每天澆花聽音樂也能打發，但是隨著通貨膨脹，年金不得不被腰斬，這時候你才發現，原來人生的時間軸，不能再依照過去的模樣。

這樣的場景，不是科幻小說的想像，而是真實發生在現在的日本，日本許多屆齡準備退休的銀髮族們，當他們退休之後才發現，老人年金根本沒辦法保障他們的人生。甚至他們發現，六十五歲的體能也沒有想像中的衰弱，這麼早離開職場，對他們來說接下來的三十五年歲月，如果不找些事情來做，除了無聊之外還是無聊。但是，想留在職場，即便公司答應延後退休，總還是得在意後輩們在背後指指點點，人緣不好的還會被貼上「老害」兩個字，難道沒有兩全其美的方式嗎？

這當中，最根本的問題，還是人生時間軸的規劃問題。如果我們再把眼睛閉上，重新想像一下2.0版本的人生時間軸：一樣是從母親懷裡，開始跟世界問好，一樣到了二十歲完成了基本的學業，走進職場的時候，不再把目標訂在六十五歲退休，在一百年人生中，取一個中場休息的五十歲。五十歲之前把過去人生時間軸1.0全部體驗過一回，進入人生下半場的時候，重新學習新的事物，選擇新的工作模式。可以將過去累積的經驗當成傳道師一般傳授給剛踏入社會的新鮮人，過去曾經被忽視的師徒制度會用另外一種形式復活，這群孩子們工作的成效部分反映到你的收入上，但是你還有多餘的時間，可以報名學習新的事物甚至研究，在人生的上半場，你要學習的是在社會生存的基本技能，但是在人生的下半場，你才要開始享受人生。未來的人生，沒有真正的退休，活到老學到老，被重新定義。走進人生下半場的你，就像是被打通任督二脈的高手，在你的生活中，可以添加許多不同的色彩，重新定義你的人生時間軸，讓我們一起走到一百歲，如何？

| Chapter 1 |

嫌老世代：
長壽不再是祝福

長壽大國的困境：沒有錢的老後

不出聲的災害：二〇四〇日本人口危機

根據日本內閣府公布的「令和二年高齡社會白皮書」指出，日本已快速進入高齡、少子化社會之後，全國超過六十五歲的高齡人口數突破三千五百萬人，占了日本總人口的百分之二十八點四，是一九九四年的一倍以上。預估到了二〇四〇年，全日本將有百分之二十五的七十五歲以上高齡人口；到了二〇六〇年，高齡人口則會超過總人口的四成以上。如此一來，支撐年金制度的收入來源變少了，而必須支出的費用卻大幅增加。一九七一年到一九七四年第二波戰後嬰兒潮出生的日本人約有兩百一十萬人，即將進入退休高峰，這群人一旦退休，一百九十兆日圓的老人年金更將面臨崩盤的局面。

二〇一七年，前日本首相安倍晉三成立了「人生百年時代構想促進室」，為日本邁向超高齡社會做準備。在內閣會議中，通過了以「生產性革命」與「育人革命」為支柱的新經濟政策，包括高等教育無償化、改善照護人才待遇等。也就是說，過去我們習慣在二十幾歲結束學校教育進入社會工作，直到六十五歲退休的人生模式已被打破，學習與工作之間的界線將不再明顯；單一企業、只做單一工作的職涯型態，也將逐漸式微。在未來的大學校園裡，白髮蒼蒼的老人不一定是教授，可能是剛入學的新生；在職場上，上司年紀可能比下屬還要年輕。

面對人口危機，安倍晉三內閣曾喊出「一億總活躍」的口號，希望透過勞動制度改革將日本人的退休年齡往後延，鼓勵企業回聘已經退休的資深員工，將他們過去在工作中所累積的人脈以及專業技能傳承給下一個世代。日本政府也修訂了《老年人就業穩定法》，要求企業提供六十五歲以上的老人就業機會。

今年七十三歲的柏耕一在颱風來襲的時候，依然頂著狂風驟雨，在建築工地裡指揮著卡車進進出出。雖然他的身上穿著雨衣，但是因為風雨太大，全身都濕透了，揮汗如雨。別看柏耕一是工地警衛，他年輕的時候曾在出版社當過編輯，企劃過的書籍超過三百本以上，其中有九十本銷售超過十萬冊，可說是在日本出版界響叮噹的人物。

「最風光的時候，我手上可以自由運用的交際費，一年超過一千萬日圓以上。」他在《交通管制員日記》（交通誘導員ヨレヨレ日記）書中說。不過，柏耕一有個壞習慣就是愛賭博，加上投資不動產，最後欠下了一屁股債。

為了討生活，又不想被鄰居發現，他每天都得通勤一個多小時去工作。雖然他自嘲是日本社會最底層的人，但是能夠有份穩定的工作，讓他慢慢還清債務就已經謝天謝地了。而在日本總數約五十五萬的警衛當中，像柏耕一這樣超過七十歲的長者占了八成以上，他們每天的工作就是站在工地現場疏導交通，或是打掃雜物。

根據日本建築法規，為了維持工地附近的安全以及動線流暢，必須依據工地規模大小，配置一定人數的警衛，否則無法領到許可證。建商雇用這群已從職場退休的高齡警衛往往只是充當人頭應付政府的規定而已，所以他們的薪水通常不會太高，像柏耕一的日薪只有九千日圓。不論是臺灣或是日本，人口逐漸走向高齡化是不可避免的趨勢，即使許多上班族都抱持著六十五歲退休的想法，但事實上，在日本，不少人到了八十歲都還在工作。所以，退休年紀不是重點，重要的是，退休之後，接下來的人生該如何過下去？

二〇一九年日本總務省的一份調查報告指出，退休族如果想要依靠老人年金生活，至少必須自備兩千萬日圓的存款才能維持基本的生活開銷。但是根據日本國民生活基礎調查，日本全國的家庭總年收不滿三百萬日圓者超過三分之一，其中有九成民眾對於自己的老後生活充滿了不安和不確定感。

二〇二〇年新冠疫情爆發之後，防疫補貼以及舉辦奧運的大筆支出，讓日本政府必須要重新調整中央財政分配，日本朝野各黨卻沒有提出任何有效解決的方案。許多日本人意識到，想要擁有更好、更有品質的老年生活，似乎只有靠自身的努力才行。

「下流老人」的翻版：貧困中年

幾年前，「下流老人」這個名詞不僅在日本蔚為話題，也在臺灣社會引起了熱烈的討論。事實上，日本有群年約四十歲左右的中年人，是泡沫經濟崩壞的真正受害者，他們從學校畢業出社會沒多久後就遇到了雷曼兄弟事件引發的金融風暴。這群進入中年的上班族，他們從昭和末期過渡到平成年間，原本以為可以跟過去的前輩一樣享受日本職場「年功序列」的庇蔭，但是泡沫經濟破滅之後，不但「年功序列」取消了，就連「終身雇用」都成了書本上的名詞而已。這群沒有意識到社會環境已經發生改變的中年人，等到經濟海嘯大浪一來，變得一貧如洗。

今年四十三歲的松本拓也（化名）從餐飲專門學校畢業後一直找不到工作，只好四處打零工。他曾經在關西的量販店擔任業務的工作，沒多久就因為業績不佳而被公司辭退。

在日本租房子除了租金之外，還要支付一個月的押金和禮金才行。松本拓也因為付不起房租，到了晚上，只能窩居在小小的網咖裡睡到天亮。為了生活，他不得不跟朋友借錢，或透過信用卡預借現金以及借高利貸來周轉，最後背上了超過三百萬日圓的債務。為了還債，他四處打零工，可是每個月領到的薪水連繳納利息都不夠，在惡性循環之下，債務就像滾雪球般越滾越大。

二〇一八年東京都發表的「關於住居喪失不安定勞動者實況調查報告書」中指出，東京都內每天晚上把二十四小時營業的網咖當旅館的人大約有四千人左右，其中有大約三千人是靠打零工維生。這些「網咖難民」以三十到三十九歲最多，占了四成；其次是四十到四十九歲，占了兩成左右。

不只是男性，日本的女性，尤其是過了四十歲之後，想要在職場上找到工作的機率相當低。

根據日本政府今年六月發表的統計數字，三十三到四十四歲的青壯年之中有超過五十萬人屬於非正規雇用，也就是他們只能靠著當派遣人員或打零工的方式過生活。日本厚生勞動省二〇一七年派遣勞動者實況調查指出，大部分派遣人員大約做到第三年就會遇到瓶頸，很難再繼續做下去。

今年四十八歲的津山敏夫（化名），一九九一年大學畢業後，進入一家大型空調公司當技術檢修員，不到一年就因椎間盤受傷被調到營業部。津山是個內向、不善於交際的人，最後因適應不良，向公司提出了辭呈。離職後，他在愛知縣一間小工廠當作業員，原本以為住在鄉下開銷不大，生活應該可以過得去，沒想到公司派系問題嚴重，個性木訥寡言的他，最後還是沒能繼續做下去。

這群「貧困中年」都有個共同的現象，由於沒有一技之長，只能選擇打零工，或是當派遣員工來維生。因為工作門檻低，被取代的可能性相對提高，使得他們一直處在借錢、還錢、再借錢的惡性循環中，始終無法從困境中脫身。

超高齡社會的悲歌：老年照護

這一天，風和日麗，住在京都市五十四歲的山本拓也（化名），推著八十六歲罹患失智症的母親出門，他們一起在桂川旁的堤岸邊散步。拓也還去便利商店買了媽媽最愛吃的紅豆麵包以及果汁給她。

他眼裡含著淚水、微笑地看著坐在輪椅上的媽媽一口一口吃著麵包，陽光灑在她滿是皺紋的臉上，顯得格外慈祥。但是沒有人知道，看似溫柔的山本奶奶昨天又大吵大叫地鬧了一整個晚上，令人不得安寧；她嘴裡念念有詞，卻沒有一句讓人聽得懂。每次山本奶奶吵鬧過後，第二天早上鄰居一定會跑來向拓也抱怨干擾到他們的生活，這樣的日子每天重複上演，已經過了兩年。

媽媽吃完麵包後，拓也推著她往河邊走去。然後，他悄悄拿出放在輪椅袋裡的毛巾，狠下心來，往媽媽的脖子套了上去。

「媽媽，對不起！我們已經沒有錢了，真的活不下去了……」拓也邊哭邊用力扭緊套在山本奶奶脖子上的毛巾，沒多久，她就全身癱軟地倒下。此時，拓也拿出預備好的安眠藥吞了下去，幸好被路人發現趕緊報警送醫急救，撿回了一條小命，拓也的母親則是一命嗚呼。

這個案子後來被送到京都地方法院審理，法官認為山本拓也長期照護失智母親，又沒有固定收入，在身心俱疲之下，產生了先殺死母親再輕生的念頭，情有可原，因此判處他緩刑。可是，親手殺死自己母親的拓也，始終走不出內心的陰影；事件發生八年後，他還是跳進琵琶湖，結束了自己的生命。

住在福井縣的岸本政子（化名），不僅要照顧九十幾歲的年邁雙親、罹患失智症的老公，每天還必須外出工作來維持一家四口的生計。兩年下來，蠟燭兩頭燒的結果，使得她的精神狀態瀕臨崩潰的邊緣，最後只好心一橫，親手終結了其他三位親人的生命。

由於少子化、人口高齡化，類似這樣的人倫悲劇，在日本各地不斷上演。根據日本總務省的統計，每年有將近十萬名四十歲左右的中年勞動人口（女性占了七成以上），必須離開原有的工作崗位，回家照顧自己的父母們，也讓日本原本就已經捉襟見肘的勞動力，更是雪上加霜。這幾年來，為了照護老人家導致失業、生活困窘甚至傾家蕩產，以及承受不住長期照護的壓力，親手殺死自己的父母再同歸於盡的不幸事件，也成為了日本社會關注的話題。

造成這群中年職場勞動力流失的原因，除了日本人的傳統觀念認為把父母親送到安養中心會引起鄰居們閒言閒語之外，也與日本政府將大部分的長照預算投注於老人在家安養的政策有關。日本的平價安養中心數量有限，可說一位難求，而私立安養中心每個月至少要二十五到三十萬日圓才住得起。照顧一名失智老人，每個月至少須花費十萬日圓以上的看護費，還要支付龐大的醫療費用，但是依照現行的日本年金制度，每個月老人家們頂多只能領到十二萬日圓左右的津貼，於是照顧罹患重病或失智症老人生活的重擔，就落在親屬身上，令他們苦不堪言。

人口老化速度排名世界第五名的英國，跟日本一樣遇到了嚴重的老人長照看護問題。二〇一四年英國國會通過了 Carers 法案，由政府出面補貼那些被迫離職擔任看護的患者家屬，並要求他們必須有固定的休息時間。在這段時間內，由地方政府或是非營利機構接手看護的工作，值得借鏡。

日本現行的長照看護，分成兩大類，一種是住進老人安養機構，另一類則是在家看護。住進老人安養機構，雖然可以透過機構內提供的看護師以及醫師得到比較良好的照顧，但是有些惡質的老人安養機構，以低薪聘用無照的看護師，造成看護師霸凌被照顧者的現象。部分年長者寧可在家終老，也不願意進入安養機構。這些選擇在家終老的長者們，縣市政府的社工人員會定期巡查，同時也會有到府服務的看護師，協助老人的生活起居；即便如此，還是經常會出現老人在宅孤獨死的問題。如何解決長照問題，是一件刻不容緩的事。

疫情蔓延，凸顯長照和醫療資源分配不均

日本新冠疫情爆發後，災情一發不可收拾。起初發生大量群聚感染的地方大都是老人療養院或是長照醫療設施，根據ＮＨＫ電視台報導，在東京都的確診案例中，許多都是經由院內感染。從二〇二〇年二月開始，日本陸續發現確診案例之後，就有長照介護業者提出，必須要留意長照醫療設施感染的風險。但是厚生勞動省的動作太慢，再加上包括口罩在內的各種醫療設備不足，以及長照看護師人手長期短缺，使得疫情爆發之後，這些老人安養機構成了群聚感染的重災區。

在埼玉縣一家長照醫院工作的忽那健治說：「今年（二〇二〇年）二月我曾經向厚生勞動省要求協助解決醫療設備不足問題，但是得到的答案卻是在下一次介護保險改正法的時候進行修法。」雖然連最基本的口罩都得等到四月初才能送到，所幸健治任職的機構早就儲備了不織布口罩，才不至於面臨口罩不足的窘境。不過，健治工作的長照機構原本提供了「在家照護」

服務，也面臨了考驗。

在疫情之前，日本厚生省為了緩解醫院病床的使用率，鼓勵患有慢性病的老人們在家休養，由醫療長照機構每星期固定派遣看護人員前往他們家中提供協助，或是接送老人家到長照中心吃飯、洗澡，傍晚再送他們回家休息。疫情發生之後，日本政府也發布緊急事態宣言，為了防止群聚感染，不論是每日接送或是到府服務都被迫暫停下來。日本七個都府縣內總共兩百多個長照機構因此暫時停業，造成患者和家屬許多不便。

根據日本厚生勞動省的資料，二〇一八年的居家看護需求量是持有證照的專業看護師的十三點一倍。此外，日本全國有四十三萬三千名到府長照看護師，其中超過六十五歲者占兩成，六十歲以上則超過四成，形成了「老老看護」的現象。在這次新冠疫情中，由於老人致死率高，使得不少高齡看護師不得不暫時離開自己的工作崗位。

根據《日本經濟新聞》調查，進行到府長照服務的看護師，每天早上八點半就要進辦公室報到，接著依照一天的行程表展開工作，平均一天會被安排服務五戶人家，大約到晚上六點半才能結束，回到辦公室之後還要整理一天的工作報表後才能離開。他們的工作時間長，工作內容繁重，除了要幫老人們翻身、洗澡、換衣服、量血壓和體溫之外，有時候還得要幫忙打掃、洗滌衣物，甚至準備餐點，一天的薪水約只有七千日圓左右。由於工時長、薪資低，工作又幾乎都是體力活，讓許多年輕人即便有心投入，也沒辦法持續太久。

後疫情時代的醫療現場

二〇二〇年，在全球遭受新冠肺炎肆虐的情況下，日本面臨了醫療資源越來越嚴峻的情況，包括東京、大阪幾個大型都會區的醫院病床不堪負荷，紛紛拉起了警戒線。在這個醫療資源緊繃的狀況下，一位叫做石藏文信的醫師發起了「讓出集中治療資源志願卡」的活動。

石藏文信醫師今年六十五歲，是大阪一家小診所的醫師。年輕的時候，他曾經在日本國立循環器疾病中心工作，當時（一九九六年）他發現，以日本的醫療水平來說，雖然已可以進行心臟移植，日本的器官移植法也允許病人腦死之後可捐贈心臟，但是如果沒有獲得患者本人的承諾與家屬同意，依舊不能進行移植。石藏醫師看到原本可以被拯救的生命希望破滅，感到十分惋惜。

如何面對「死亡」，不僅是病患的考驗，也是醫者的一大課題。

「如果病患想要接受治療，身為醫生的我們不可能拿掉他們的葉克膜。但是一旦醫療現場的葉克膜或是人工呼吸器不夠用的時候，醫師就必須決定先拿掉誰的人工呼吸器，這對於醫師來說實在太過殘酷了。」於是，石藏醫師決定做一張「讓出集中治療資源志願卡」，它就像「器官捐贈卡」一樣，讓醫師在生死關頭能夠依照病患的自由意志做出明智的決定。

石藏醫師說：「我希望人生走到最後一刻時，能依照自己的意思決定用什麼方式結束生命。」會有這樣的決心，主要原因是他在二〇二〇年二月被診斷出罹患前列腺癌，而且癌細胞已經蔓延到全身，錯失了動手術的時機。

「萬一我不幸感染了新冠肺炎，可能很快就會被送進重症病房。但是想一想，即便這條命被搶救回來了，應該也活不久。」石藏說。

像石藏看待生死如此豁達的人，與家人溝通這件事時，依舊隔了一層難以突破的障礙。這件事情既不能勉強，也沒有正確的答案。

石藏醫師有個醫師朋友，他九十多歲的母親有天突然被緊急送到醫院，呈現意識昏迷的狀態。幾個月後，由於躺在病床上的母親常常會在無意識的情況下扯下呼吸管，他只好把母親的手用繩子綁起來。上個月他的母親過世了，看到母親手臂上滿是勒痕，他難過地說：「早知道就不應該綁住媽媽的手，她一定覺得很痛苦。」

這件事讓石藏醫師更體恤患者和家屬的痛苦。雖然他提出的「讓出集中治療資源志願卡」並沒有任何法律約束力，還是有不少人提出了質疑。隨著新冠肺炎疫情持續擴大蔓延，日本厚生勞動省面臨醫療資源究竟該如何分配的問題，依舊沒有明確的規定。「如果醫師任意調動病患的人工呼吸器，必須承擔刑事責任的風險。」一個在醫療現場的工作人員說明了石藏醫師這項行動難以推動的主要原因。

從二〇二〇年年初新冠肺炎爆發到現在，日本政府為了在奧運、經濟以及防疫之間取得平衡點，幾乎是招式用盡，但總是左支右絀、動輒得咎，最重要的關鍵在於政治考量高於專業的醫學考量，這也使得新冠疫情對策專家組會長尾身茂一直呼籲要小心舉辦奧運會造成疫情擴大，但是這個說法與菅義偉內閣的想法相悖，最後尾身茂用一種近乎無奈的口吻說：「只能期待全國人民的目標一致。」這樣的呼籲力量越來越薄弱，這也使得包括石藏醫師在內的日本醫師們，只能透過自己可以做到的方式，盡一份微薄的心力。

「一億總人數孤獨」的國民病

日本首相菅義偉在二〇二〇年二月任命少子化大臣坂本哲志兼任孤獨、孤立對策大臣。這是繼英國設立孤獨大臣之後，全球第二個在內閣成立孤獨大臣的國家。與英國情況不同的是，過去日本文人崇尚孤獨，像是知名作家五木寛之就曾寫過一本暢銷書《建議孤獨》（孤独のすすめ），書中主張學習在人生下半場離群索居，好好面對自己，能夠打磨自我，擁有更「完美」的自我。昭和時代出生的最後一群世代，現在剛好面臨了人生中的空巢期；而這一代的日本人，始終有著「孤獨是美好」的感受。不過，當整個時代開始改變，原本稱頌孤獨的國家，為何設置相關部會，研擬解決對策呢？原因之一是孤獨感導致日本的自殺率逐年攀升。

孤獨問題涵蓋各個年齡層

總部設在法國巴黎的經濟合作暨發展組織（OECD），曾經針對二十五個加盟國中的十五歲青少年進行一項「孤獨感」的調查，「經常覺得孤獨」的日本青少年比例高達百分之二十九點八，位居第一名，與第二名的冰島百分之十點三差了將近三倍。

早稻田大學社會學教授石田光規說：「日本的社會運作模式，很容易造成個體陷入孤獨。再加上去年一整年的疫情肆虐，不但跟朋友見面要找理由，也沒辦法增加認識新朋友的機會，這讓原本就淡薄的人際關係，變得更加脆弱。」無形之中，這也造成日本「孤獨死」的年齡層逐年下降。

以往人們對孤獨死的印象來自獨居老人，但根據大阪府警方的報告，去年死亡兩天之後被發現的死者人數將近三千人，當中有百分之十八點四是四、五十歲的中年人。日本國立社會保障暨人口問題研究所預測，到了二〇四〇年，日本終身單身人口的比例將從一九八五年的男性百分之三點九、女性百分之四點三，增加為男性百分之二十九點五、女性百分之十八點七；也就是說，二十年後會有超過二到三成的日本男女一輩子單身。隨著單身人口增加，未來日本孤獨死的現象勢必更趨嚴重。

疫情期間，女性自殺率飆升

根據日本總務省統計，二〇二〇年日本全國六十五歲以上的人口比去年同期增加了三十萬人，達到三千六百一十七萬人，占日本總人口數的百分之二十八點七，尤其是高齡女性的比例更達到百分之三十一點六；也就是說，每四個日本女性當中，就有一名超過六十五歲。另外一個統計數字則顯示，二〇二〇年有兩萬一千多個日本人自殺，比前年增加了九百一十二人。其中女性自殺人數為七千零二十六人，比前年多了將近一千人。

或許是受到新型冠狀病毒影響，有些人的生計成了問題，在逼不得已的情況之下，走上了絕路。但是值得注意的是，增加的自殺人口中有七成是年輕女性，長期被日本社會忽視的「家庭暴力」問題似乎也由此浮現水面。

在疫情期間，這些原本就弱勢的女性被迫與具有暴力傾向的丈夫長期共處一室，最後精神壓力大到無法負荷，選擇了輕生。

根據日本財團二〇一六年所做的一項「自殺意識普查」，超過五十三萬五千名受訪者表示，過去一年內曾經有過「想死」的念頭，這個數字是實際自殺者的二十倍左右，當中又以二十歲左右的年輕人占多數。

日本國立精神神經醫療研究中心的精神科醫師松本俊彥說，在日本社會中，很多人的生活遭遇困境，找不到活下去的理由，但是又怕給別人添麻煩，只能把苦悶埋藏在心裡，默默承受。這個情況更容易發生在年輕的女性身上。

很多時候，這些想要自殺的人們只是希望有人聽他們說說話、吐苦水而已。日本非營利事業組織「東京心理健康廣場」就在Line上開設了一個官方帳號，提供想要自殺的民眾一個心理諮商的管道。

有天自殺防治專線的主任新行內勝善，接到了報告：某位民眾傳來一則「我要去死」的訊息。對於自殺防治專線的工作人員來說，他們往往能夠從對方的訊息中，一眼判斷出諮商者現在的心理狀態。例如我要去死、我想死、我現在要去死，這三種情況的緊迫性不同。新行內勝善判斷這則訊息屬於緊急狀況，自殺防治專線馬上啟動救援機制，聯繫警方，及時阻止了一場憾事發生。

新冠疫情蔓延之後，自殺防治專線每天都會收到超過兩百件以上的諮商案件，有些人因為夫妻離婚後見不到孩子而焦慮，有些人因被公司解雇感到絕望，還有的高中生與父母發生激烈爭吵後，想要自殺，一死了之。

不願意麻煩別人、造成別人困擾是日本人的普遍民族性，在長期壓抑之下，很容易產生厭世的心態。隨著疫情持續擴大，使得許多日本人覺得自己的努力已經到達了極限，因此選擇用自殺來了結痛苦。

疫情下的居家孤島

隨著新冠疫情感染擴大，日本針對關東、關西地區接連發布了三次的緊急事態宣言，這也讓許多企業不得不採取居家工作的行動。

尾崎香織（化名）原本在東京一家網路資訊公司上班，去年疫情爆發之後，她面臨了究竟要讓屬於照護五級的母親搬來東京住，還是辭職回高知老家的抉擇？最後尾崎回到高知老家遠距上班，讓她可以一邊工作一邊照顧八十四歲的老母親。

現在尾崎每天上午九點坐在電腦桌前開始「上班」，下午七點準時「下班」，當媽媽需要喝水或是吃飯的時候，她就可以起身幫忙，順便運動一下。偶爾透過視訊跟東京辦公室的女同事閒聊，聽她們講講八卦，也讓她的工作壓力似乎減輕了不少。

不過，並不是每個人都像尾崎這麼幸運。住在兵庫縣的川瀨佑治（化名）是個程式設計師，去年公司宣布開發團隊改成居家工作，他也回到了兵庫縣老家。

每天早上九點，川瀨會坐在書桌前面，打開電腦工作。先是透過 Slack 回報工作進度，接著上傳檔案，這些工作跟過去在公司做的沒有什麼兩樣，但是半年之後，他開始出現了憂鬱的症狀。

「有時候，好幾天都沒有一個可以說話的對象，覺得寂寞。即使同事們在 Slack 上偶爾會閒聊幾句，總覺得少了什麼……」

因為人際溝通不足，一個人面對孤獨的情況與日俱增，讓居家工作者漸漸形成了一個個「心靈孤島」。

居家工作者，超過七成身心失調

日本通信事業協會針對五百五十一名二十到五十九歲居家工作的上班族進行調查，超過七成的受訪者表示，在家工作期間，明顯出現了包括體力衰退、注意力低下等狀況，嚴重的話還會對工作產生倦怠感。

科學期刊《PLOS ONE》二〇二一年三月提出了一篇論文[1]，建議想要改善這樣的情況，不妨善用 Line、Twitter、Facebook 或是 Instagram 這類社群軟體，保持與社會的連結。去年年底，日本出現一種專門針對居家上班族

1 詳見：https://journals.plos.org/plosone/article?id=10.1371/journal.pone.0249127

提供的聲音服務，那些受過發聲以及心理諮商專業訓練的「聲音戀人」，會透過 Line 的聊天室與客戶聊天，收費方式為每三十分鐘三千日圓，聲音戀人可以拿到一半的抽成。因為收入不差，加上不受空間的限制，不少人加入了這個行業。有些熱門的聲音戀人，一個月收入可以達到五到六萬日圓。

今年年初，川瀨在心理師的建議下使用了這項服務，逐漸改善他因為孤單而感到憂鬱的心理狀況。

「剛開始使用的時候，覺得有點不好意思，但是幾次之後，我們幾乎成了朋友，可以天南地北地聊天。」他說。

日本孤獨大臣坂本哲志指出，日本人會陷入孤獨的原因在於自尊心過剩，礙於面子或是不想麻煩別人，因而選擇不向他人求助。因此，想要讓自己擺脫孤獨、孤立的情況，第一步就是把手高高舉起，讓周圍的人知道你很孤獨，需要被關心。

「孤獨死」帶動千萬商機

在日本，「孤獨死」的定義，並不僅針對年長者，只要在家裡自然死亡超過兩天以上沒被發現，都算是「孤獨死」。根據東京都福祉保健局資料顯示，在東京都二十三區內，每年有超過三千名六十五歲以上的老人在家裡孤伶伶地死去，這個現象比十年前上升了一倍以上。

日本每年有超過兩萬八千件以上孤獨死案例，這些遺體經過檢察官驗屍之後，物品整理和清理工作都會交給特殊清掃公司來處理，專門負責「遺物整理」的行業也應運而生。

李龍洙（化名）是在日韓僑，從小在日本出生長大。過去他在日本航空公司擔任空服員，與母親相依為命。因為工作的關係，母親去世都快半年了，他還沒有時間整理母親的遺物，這時他強烈感受到找人代為整理親屬遺物這件事的重要性。後來，李龍洙離開日航，與朋友合夥開了一家專門收購販賣中古商品的公司，同時在公司內部成立了「遺物整理」部門。

想在日本從事「遺物整理」這個行業，除了取得古物商資格之外，還要參加國家屍檢官的「特殊清掃」研習。日本遺物整理市場有百分之三十的案件來自於行政單位委託，其他則是親屬們的委託。在這些委託案件中，一天清理費用大約是二十五萬到三十五萬日幣，有時候因為需要清理的東西太多，必須花上數百萬日圓的預算才有辦法徹底清掃乾淨。

如果家屬沒有特別的要求，清理後的物品大都由業者自行處分，也是這個行業的獲利來源之一。由於日本政府對於廢棄物徵收高額的處理費用，所以中古業者索性將這些回收的遺物分門別類整理之後，賣到越南、柬埔寨或是菲律賓等開發中國家，每年創造了超過百億美金的營業額。這些中古商品琳瑯滿目，像是二手衣物、腳踏車、錄音機、冰箱、果汁機、各式各樣手動和電動工具等等。不過隨著中國經濟實力提升，日本中古商品在東南亞也多了一個強勁的對手，獲利情況已不如從前。

「夏天的委託案件比冬天多，因為夏天的天氣熱，遺體容易腐臭，平均一天得處理三到四件，工作起來也比較辛苦。」李龍洙說：「做了這一行之後，最大的感觸是一個人在都市裡生活，如果沒有良好的人際關係，萬一有個三長兩短的話，感覺真的好淒涼、好寂寞。」

透過照片傳達「孤獨死」的哀愁

今年二十七歲的小島美羽五年前進入了遺物整理這一行，每年跟著同事們整理超過三百七十件以上孤獨死的現場。三年前，公司打算參加每年一次的「終活產業展」，她自告奮勇地表示要做現場微縮模型，讓更多人可以感受到孤獨死帶給人們的衝擊，公司接受了這個提案。

小島美羽開始利用下班後的時間在網路上搜尋 YouTube 影片學習做微縮模型。三年下來，她總共製作了九座不同場景的模型屋。當中有個主題是：一個孤單生活的老婦人在家裡去世好長一段時間才被人發現，她所養的四隻貓咪躲在房間角落裡，臉上滿是驚慌、恐懼以及飢餓的表情。屋子裡除了已經發霉生臭的垃圾之外，還有一些看似動物的排泄物，讓人不忍卒睹。

小島美羽說：「運氣好一點的小動物，屋主過世前就已經先被安排送養，但是大部分遺留在孤獨死現場的小動物們，最後的命運幾乎都是送到收容所之後被撲殺。」

凌亂且充滿污漬的房間，還有幾隻骨瘦如柴的貓咪蜷縮在房間一角的畫面，只是小島美羽每天面對的工作場景中的一部分。對於遺物清理人員來說，每次出任務時，現場的遺體大都已經送走，他們要做的工作就是將地板、榻榻米拆掉清理，再把死者留在屋裡的體液以及臭味清洗乾淨。如果屍體太久才被發現，可能會產生一些小蟲或是蒼蠅，為了不讓這些小蟲流竄到鄰居家裡，他們得把門窗緊閉，戴上防毒面具，穿著防護服在密閉空間裡工作五到六個小時，每次清掃結束之後，全身都像是脫了一層皮。

小島美羽說：「冬天的時候還好，最怕遇到夏天了，不但屍體容易發臭，生蟲更難清理。但是我們依舊得全副武裝地在裡面工作，不但消耗體力，晚上也很容易做惡夢。」

小島會接觸這樣的工作，是因為在她高二的時候，父親因為腦中風過世。父親過世前兩個月，有天母親把簽好的離婚同意書送到父親獨居的公寓裡，才發現他已經中風，痛苦地躺在地上。父親被緊急送醫之後，雖然暫時搶救回了性命，但不到兩個月的時間，還是離開了人間。那時，小島美羽第一次知道，日本有專門幫忙整理遺物的行業。

「當時我和母親找了幾家整理遺物的業者，幾乎都是漫天要價、亂敲竹槓，對於死者的遺物也毫不尊重。」小島美羽覺得自己可以做得比這些惡質業者更好，開始考慮加入這一行，沒想到一做就做了五年。

五年來，她從工作上看到了許多人性的黑暗面，「最常遇到的是很多人看到我們在清掃，會自稱是死者的朋友，衝進門來，把一些值錢的東西拿了就走，攔都攔不住！」

「沒有任何人可以預知自己什麼時候、會在哪裡死去，誰都有可能會發生孤獨死，所以沒有好與不好的問題。真正的問題在於死了多久才被發現？

如果時間拖太久，遺體開始腐爛才被發現，是大家最不願意看到的事情。」而在這個人情日益淡薄的社會，避免「孤獨死」最好的方式，或許就是經常關心一下我們身邊的人，不要自掃門前雪。

生前整理：老年斷捨離

今年五十三歲的觀月優子（化名）去年在辦公室裡，突然肚子一陣絞痛，被緊急送醫後發現是腸道出血。她在醫院住院了三天後，身體逐漸恢復健康。

在住院這段期間，單身的觀月優子心想：「如果我晚一步被送到醫院，不幸死去，那些放在家裡的名牌包包、收集多年的音樂CD，還有古董飾品，該怎麼辦呢？」

當她想像著清潔公司在整理自己的遺物時，把那些東西直接丟掉，或是賣給中古二手回收商的畫面，就覺得胃又抽痛了起來。於是，出院之後她開始整理身邊的物品，利用網路中古二手市場，賣掉一些已經很少使用的東西，一年下來，大約賣出了一百三十件物品。剛開始她覺得這樣做很麻煩，但是陸陸續續接到買家傳來的感謝訊息後，讓她發現，原來還是有很多人和她一樣珍惜這些物品。

隨著人口的單身高齡化發展，許多中高年齡者開始擔心，一旦自己撒手人寰，那些珍藏多年的物品不管是被當成垃圾處理，或是被硬塞到沒有興趣的親友手上，都不是一件令人開心的事情。十一年前，日本瑜伽老師山下英子出版了《斷捨離》一書，帶動了居家整理術的風潮，成為日本年度流行語。而近藤麻理惠《怦然心動的人生整理魔法》隨著Netflix節目熱播，也風靡了全世界。最近，「生前整理」的風氣則漸漸地在日本老年族群之間形成。

銀髮族成為二手拍賣市場大戶

年輕人為了折現，會把一些自己穿不到的衣服、用不到的書籍雜誌或公仔放上二手拍賣App，最近連六、七十歲的日本爺爺奶奶們也開始使用這些App，拍賣自己收藏多年的物品，像是錢幣、郵票或是衣物。根據安田經濟研究所調查，跟三年前比起來，幾家大型拍賣網站、中古二手市場App，超過六十歲以上的會員成長率超過三十倍，七十歲以上的會員則超過了五十倍。這些高齡會員上網販售物品時，都不諱言地註明「生前整理」、「終活」（「終活」是指走到人生終點前應該做的事情），過去被當成禁忌的字眼，反而成了一般人習以為常的事。

這群中高年銀髮族為什麼願意接受網路中古市場的販售模式呢？專門提供生前整理諮詢服務的梅本和子說：「三年前，雖然『生前整理』曾經被媒體報導過，但是卻沒有真正受到重視。最近突然之間盛行，或許跟智慧型手機普及有關。」包括 Yahoo 拍賣在內的幾家經營中古商場電商也印證了這樣的說法。用手機替商品拍照、上傳到交易，都比以往來得簡單且方便，甚至有些電商還會和便利商店合作，賣家只要把成交的物品包裝好，拿到便利商店印出寄送名條就完成，流程十分簡單。

日本已進入電子支付平台百家爭鳴的戰國時代，網路中古拍賣商城背後的母公司又大多是電子支付平台，這也讓買賣雙方所有的交易行為不但能夠被有效地管理，也不用擔心賣家收不到錢、買家收不到貨的問題。加上這種類似社群媒體的App，比過去流行的拍賣網站多了一些人情味，也難怪這些銀髮族們一試就成了主顧。

日本中高年齡者使用中古二手市場App的主要理由，不外乎「不想死後造成別人的麻煩」、「利用手機App與買家互動，可以感受到沒有跟社會脫節的樂趣」。不過他們上網賣東西，倒不是想要把物品變現而已，透過整理身邊不用的物品，可以重新跟現代社會接軌，也填補了生活中的空虛感。

「自己的年紀慢慢地老了，與其兩手一攤，把手邊物品交給後輩們去處理，還不如趁著還有精神和體力的時候，把這些東西處分掉。」今年六十六歲的石渡惠美子使用二手拍賣App已經有一年多的時間，她上網拍賣的東西有香水、包包，還有年輕的時候到海外旅行帶回來的餐具等，總共賣出將近八十多項物品，進帳超過十五萬日圓。

「雖然這些東西在我的人生不同階段中有著不同的回憶，有時候真的很難狠心將它們丟掉，但是如果能夠找到願意好好利用它的人，仔細想想，也是件好事啊！」石渡婆婆偶爾還會打開手機瀏覽已經賣出去的物品照片，懷念一下自己年輕時的歲月。

從二手拍賣App メルカリ公布的資料顯示，他們的會員平均每個月的成交金額大約在一萬七千日圓，實際完成交易的會員年紀以五十到六十歲的女性最多，占了四成。第二名是同樣年紀的男性，占了三成左右。此外，六十歲以上的會員每月平均成交金額超過五萬日圓。原因應該是年長者對於物品的說明方式更細心，服務更親切吧！他們成交的物品大都集中在美術品、高爾夫用具以及唱盤、錄音帶等品項。

日本人把手邊超過一年以上沒有使用的物品稱為「隱藏資產」，日本NLI Research Institute 最近公布了一項統計數字：每個日本人平均有二十八萬日圓的隱藏資產放在家中，其中六十歲女性的隱藏資產超過五十萬日圓，大約是二十歲女性的二點五倍。而六十歲的男性大約三十五萬日圓，是二十歲男性的一點九倍。

日本終活協議會主任研究員久我尚子說：「這些銀髮族放在家裡長年

不用的隱藏資產，是僅次於不動產以及金融商品之外的第三大資產。」這個民間組織積極在日本各地開辦講座，教導銀髮族們如何利用App來處分身邊的隱藏資產。

隨著通訊產品日新月異的發展，老人們與社會有了更多的連結。他們在與年輕買家一來一往的過程中，無形之中也把自己的人生經驗傳遞給下一代。

多死社會的極簡葬禮

隨著高齡化趨勢，日本也朝向「多死社會」前進。所謂「多死社會」指的是整個社會人口的死亡率大於出生率。根據日本厚生勞動省的統計，一九九〇年日本每年的死亡人口是八十二萬，到了二〇一六年已經超過一百三十萬，不到三十年的時間，日本每年的死亡人口數增長了一倍以上。這也使得日本全國各地面臨了火葬場不夠用的窘境，加上地方政府一旦提出打算加蓋火葬場的計畫，就會遇到附近居民的群起抗議，使得一種新的葬禮方式——「直葬」，開始蔚為流行。

除了沖繩之外，日本人已經沒有土葬的習慣。一般來說，從親人過世、送去火葬場停棺到火化大約要三天的時間。「直葬」指的是不經過告別儀式，死亡當天就立刻將大體送到火葬場火化。依照正常程序的葬禮，所需費用大約是一百三十萬日圓到一百四十萬日圓左右，若是改成直葬的話，只要十八萬日圓就可以搞定一切。這樣的葬禮在都會區越來越受到歡迎。住在東京的田中太太就說：「我的祖母個性本來就比較低調，加上家裡人口少，所以她在世的時候常說，等她死後舉行葬禮時，千萬不要太鋪張，只要幾個親人參加就行了。」

有些地方政府會從國民健康保險費用中挪出預算，支付大約五萬日圓的喪葬補助費用，使得日本人慢慢地接受用直葬來為自己的人生畫下句點。不過，葬禮再怎麼簡約，形式上還是有點淒涼。於是有些殯葬業者會跟寺廟簽約，提供「僧侶派遣服務」，一次大約十萬日圓，由寺廟派出專業的僧侶到火葬場上為亡者誦經祈福，業者甚至要求這些派遣僧侶們穿上不同宗派的袈裟出席。

這樣的服務看來貼心，但是也延伸出一些問題，被派遣的僧侶們到了火葬場幾乎都是過場的形式，有些僧侶甚至不具僧籍。而會選擇直葬或是廉價葬儀社的喪家，很多都是高齡者，讓一些惡質業者更是無所忌憚。

有時候原本應該兩人抬棺，卻只有一個人出現的情況常常發生。「我問為什麼一個人來，他還反問我，用那麼便宜的價格想要找多少人？找隔壁鄰居來幫忙吧！」剛幫先生辦完喪禮的山田奶奶回想當時的情景還心有餘悸。幸好鄰居們出手幫忙，讓山田爺爺的告別儀式總算順利地完成。

已去世的日本女星樹木希林說過這麼一句話：「人們總是容易把死看作一件很敏感的事情，其實它本身並不是什麼壞事。我想傳達這個觀點也是我的使命之一，至少死的時候，讓我隨心所欲吧！」生老病死是人生中必經的過程，對於許多不喜歡打擾和麻煩別人的日本人來說，他們希望走到人生最後盡頭時，就像來到人世間的時候一樣，一絲牽掛也沒有，把肉身乾乾淨淨地還給大地。

理秘方，不容妥協。不管是哪一種情形，日本中老年人們常會倚老賣老是事實。有些老人家喜歡碎碎唸，嫌東嫌西，看不起年輕人，是令年輕人不滿的地方。但並非所有人都一面倒地認為「老人無用」，有些年輕人家裡也有長輩，在網路上看到那些激烈的言詞，心裡還是會有些難過。或許媒體喜歡將「寬鬆教育」或「年輕人都不如何如何」的標籤貼在年輕人身上，是造成社會鴻溝的主要原因之一吧。

平成時代興起的「寬鬆教育」是對於昭和時代「斯巴達教育」的反撲。日本從明治維新之後，為了要脫亞追歐，從歐洲國家尤其是德國身上學習了菁英教育的模式，讓日本很快地成為一個守秩序、重禮節的民族，但是相對地，卻也失去了一些個人色彩。當泡沫經濟破滅之後，日本一群學者提倡「寬鬆教育」來降低學生們的課業負擔，讓他們能夠朝向更多元的方向發展。這個原本立意良善的做法，反而造就了不少「野獸家長」，讓教師們與其動輒得咎，不如乾脆「寬鬆」到底，也讓「寬鬆教育」下培養出來的日本年輕人，對於他人多了不信任的眼光。

過去我們常說「家有一老如有一寶」，但是身為老人，真的不必倚老賣老，如果能夠懂得運用自己過去的人生經驗，與年輕人溝通，「老人力」不一定會成為社會進步的絆腳石，而是邁向下一個世紀的墊腳石！

銀髮族的正義：刷存在感的暴走老人

一個老先生對著電話那頭的客服中心大聲地咆哮著：「你們知道SHOUBAI（商賣）的漢字怎麼寫嗎？笑賣（在日文發音中「商」與「笑」同音）。我是客人喔，你們賣東西給我，本來就應該保持笑臉……」

這位老先生買下商品後發現沒辦法正常運作，於是打電話到客服中心理論一番。即便客服人員承認錯誤，表示願意重新更換新的商品給他，但是老先生堅持要這家公司主管帶著道歉信到他家裡登門謝罪。拗不過老先生的要求，主管只好照辦，令人驚訝的是，當他到了老先生家，看到牆壁上掛著好幾家公司的「道歉信」，才恍然大悟。

高齡化是日本的社會問題，那些已退休卻找不到生活樂趣的老人們，往往透過客訴來排解心中的孤獨感，尤其是過去在職場上呼風喚雨、位高權重的老人，更是嚴重。一家客服中心的主管渡邊美奈子（化名）就說：

「有位老先生每天固定時間打電話到客服中心客訴，而且他還特別指名要求某位客服人員服務。」

除了打電話之外，有些人會透過寫電子郵件的方式，針對商品的瑕疵要求提供賠償。對他們來說，有一個可以往返應對的對象才是重點，能夠滿足他們想要刷存在感的內心渴望。

日本犯罪者有高齡化趨勢

在日本，被稱為「銀髮正義俠」的老人們越來越多，而熙來攘往的車站更是「暴怒老人」出沒地。一份針對日本全國三十五個鐵路電車公司的調查顯示，對站務人員動粗的六十歲以上老人占了百分之二十四點六，有些老人會在電車裡跟其他乘客起衝突，則是覺得自己沒有受到尊重而已。

日本新聞報導，埼玉縣有條商店街住著一個老先生，他要求路人的自行車不可以壓在商店街的導盲磚上，只要有人違規，他一定會把當事人叫出來，看到對方把車停好才善罷甘休。這些銀髮正義俠的行為不算違法，頂多是惹人嫌而已。但是，有不少銀髮族卻漸漸走上了犯罪的道路。根據日本法務省發表的《二〇二〇年犯罪白皮書》，最近十年內犯下刑事案件者大幅減少，超過六十五歲的刑事犯卻持續增加，一九九九年原本只占了所有刑事犯的百分之四點二，現在已經有超過四分之一的刑事犯是年紀超過六十五歲以上的老人。二〇二〇年舉發的四萬兩千多名六十五歲以上的高齡刑事犯中，有九成的年紀超過七十歲。當中有一半的高齡刑事犯，過去已有過犯罪紀錄。這些高齡刑事犯犯過大小不一的刑事案件，其中又以竊盜占大多數。統計也指出，六十五歲以上的老人有一千八百六十三人被控傷害，這個數字是十年前的十點八倍。此外，有一千七百三十六名的六十五到六十九歲老人遭到舉報有暴力行為，比十年內增加了二十七點一倍；七十歲以上的老人暴力行為更是衝到了兩千三百三十八人，是十年前的七十點八倍。

過去大家印象中應該是和藹可親、笑容滿面的長輩們，為什麼會突然之間大暴走呢？

由於醫療技術的發達，使得超過六十五歲的老人們，比過去的高齡者都來得健康，而且充滿元氣。退休之前，他們每天為了工作和家庭忙得不可開交，仍然可以感受到自己的價值。但是一旦退休之後，離開了朝九晚五的熟悉生活，漸漸地感受到自己的存在不被社會所需要，心中的孤獨感也越來越深。有些老人故意去便利商店偷東西，或者在一些小事上與人發生爭執，希望被大家關注，甚至等著被警察逮捕。這些受惠於日本經濟高度發展，在日本所得最高的高齡者，他們的犯罪常常不是因為缺錢，只是心中的孤單無法排解罷了。

住在東京近郊川崎市的中橋薰（化名），在一所公立高中擔任教師三十幾年，他就像是日劇裡的金八先生一樣熱血。有一次他為了找尋因為失戀跑去富士山準備自殺的學生，一個人獨自上山好幾天，終於把學生給順利找了回來。可是，當他兩年前退休之後，突然之間失去了生活重心，身體狀況也急速老化，經常腰痛到站不起身來。醫生要求他出門坐輪椅，他只想拿拐杖就好，每次走在路上，他覺得路人似乎都在用一種嫌棄的眼神看著他。這些不滿的情緒逐漸累積在他心裡，有天，一個年輕人不小心撞到了他，他下意識地舉起手上的拐杖，就朝著年輕人身上敲了下去，並且出口辱罵對方。

中橋薰的例子不是個案，一些客服中心經常收到莫名其妙的客訴。二〇一九年日本推出全國消費稅增稅方案之後，因為到便利商店外帶的稅金比內用少了百分之二，也給了那些愛抱怨的銀髮族化身「正義使者」的機會。這些老先生、老太太們每天快接近中午時就會在便利商店閒晃，一看到有客人結帳，立刻湊到櫃檯前確認是外帶還是內用，並且檢舉客人用外帶價格結帳，卻坐在店裡吃東西的行為。而這些老人家們真正的目的只是想找人說說話而已，因此，便利商店的店員除了忙著幫客人結帳之外，還得花時間聆聽他們的心聲。

奧客霸凌和高齡扒手猖獗

長久以來，日本服務業一直抱持「顧客第一」的信念，無形之中讓社會大眾認為消費者永遠是最大的。以往日本人認為到超市或是便利商店買東西，讓店員把商品放進店家提供的塑膠袋裡是天經地義的事情。日本從今年七月一日開始實施塑膠袋收費制度，有些客人無法理解，就把氣直接出在店員身上。他們因為不願意多付兩到三日圓的塑膠袋費，直接在櫃檯前對著店員大小聲；或是雖然自備環保袋，卻要求店員把商品放進購物袋裡，雙方相持不下，最後大發雷霆；也有人對於店員結帳時詢問「要不要購買塑膠袋？」感到不耐煩而大聲咆哮。不論是哪一種情況，都屬於「奧客霸凌」。根據日本Airtrip，將近五成的服務業都遇到過「奧客霸凌」，以中高年男性居多。

日本銀髮產業顧問公司代表宮本剛志分析，這些人有幾種特性：本身有很強的自我意識、自視甚高，看到年輕店員動作太慢，就覺得他們不夠專業可靠；也有些人可能在職場上不太順利或家庭生活不美滿，心中累積了許多壓力無處宣洩，只能找無辜的店員出氣，尤其在疫情期間更加嚴重。心理學家榎本博明也指出，這些愛發脾氣的中高齡男性，大都是無法適應快速變化的社會環境，導致負面情緒產生。

塑膠袋收費制度引發的另一個社會問題，就是便利商店的高齡扒手變多了。根據日本警察廳公布的資料，二〇一九年全國被舉發的扒手超過六萬人，其中十四到十九歲未成年者有六千四百四十九人，高齡者卻超過兩萬人以上。有些高齡扒手因為一個月內連續好幾次將便利商店的商品放入環保袋帶走，被送進警察局。對於這些累犯來說，他們偷東西的目的往往不是沒有錢購買，而是無法抑制內心想要犯罪的衝動。他們就像個孩子一樣，透過與外界的衝突，或是小小地踩踏一下法律紅線，來滿足想要被關注的內心需求。

根據日本加藤「大腦學校」代表加藤俊德博士的研究，一個人如果平常沒有任何興趣、沒有工作，很少動腦或運動，會漸漸地喪失對於與自己立場不同的人表達意見的判斷力。當腦袋無法理解的時候，腦中的血流就會增加、血壓上升，很容易動怒。如果要避免成為一個令人頭痛的暴走老人，最好的方式就是多動腦、多運動，經常跟周遭的人交流，並且找到自己的興趣。

當人類的壽命延長，活到一百歲不再是一件新鮮事之後，在人生的下半場，如何享受一個人的孤單，在號稱未來是「一億總孤獨」的日本社會，也成了重要的課題。

掌握人性弱點，老人成為詐騙受害者

二〇二一年十月，日本第一生命保險公司有名住在山口縣、高齡八十九歲的女性業務員，傳出利用職務之便，在十年內侵占了二十四名客戶超過十九億日圓以上的存款的事件，消息一出，引起社會一陣譁然。

這名女性是公司的資深超級業務員，她對客戶表示，公司推出了一項針對ＶＩＰ設計的高利息保險方案，她被任命為「首席特別參與」以及「特別調查董事」，在十年內從受害者帳戶中侵占了總計十九億日圓的保費。東窗事發後，第一生命保險公司立刻進行內部調查，確認了這名平常表現優異的業務員的不法行徑，立刻將她開除，同時把案件移交給司法單位偵辦。但是，最讓外界好奇的事情是，這名業務員為什麼有辦法隻手遮天，將巨額的贓款轉移到自己帳戶之下卻不被發現呢？

看過日劇《半澤直樹》的觀眾，對於日本金融界勾心鬥角的陰暗面，相信一定印象深刻。在日本的保險公司中，超級業務員的地位很高。尤其這名王牌業務員的銷售成績，每年都超過四百億日圓以上，往來的客戶幾乎都是當地的名流仕紳，還有一些政治家以及宗教人士，因此公司內部職員自然都對她必恭必敬。

根據報導，山口銀行三年前就曾經打電話詢問過第一生命保險，是否有特別設計高利息的保險專案？兩年前，第一生命保險內部也有員工舉報過這件事，都因為這名業務員身分特殊，整件事情也就被掩蓋了。這次若不是被害人子女發現不對勁，要求保險公司公開處理，事情才有了水落石出的一天。

日本的人壽保險公司出包還不止這一件，和歌山縣有一名業務員幫高齡客戶辦理保險契約的時候，利用老人家不會仔細閱讀條文，偷偷幫客戶的保險解約，然後每個月繼續收取保費；或是降低客戶的保險金額，將多餘的保費放進自己的口袋裡。此外，他還偽造收據給這些高齡保險客戶。受害者人數共有二十名，被詐領總金額超過五千萬日圓以上。

近年來，日本新聞媒體經常報導這類保險詐領事件，而且大部分都出現在高齡化問題嚴重的二線城市。由於這些地方民風淳樸，被害的老人家們跟保險員熟識後，往往失去戒心，也讓一些無良的保險業務員有了可乘之機。

針對老人家的詐欺層出不窮，現在還有一種專門針對富裕階層老人，以及患有認知障礙症的老人的投資詐欺，詐騙金額少則數百萬日圓，多則數億日圓。當人們隨著年紀漸長，大腦中負責記憶、學習以及判斷的神經細胞也會漸漸老化，很多長輩們都不願意承認老化的事實，依舊堅持自己的判斷力不會比年輕時來得差。一些高學歷、社會經驗豐富的老人家遇到這種事情的時候，不禁感嘆：「沒想到我也會遇到這樣的事情。」而這些詐騙行為，常常是因為老人家過度自信造成的。

今年七十歲的鈴木浩之（化名），在社群媒體群組收到一則認識沒多久的網友發給他的訊息：「因為創業亟需用錢，如果你先借我一千萬日圓，在這一年內，我每個月會支付你一百萬的利息，一年期滿後再將本金還你。」

鈴木有房子也有存款，每年還有三百萬日圓的國民年金，如果每個月有一百萬日圓的利息收入，對他來說仍是一大誘因，而詐騙集團就是利用這種貪小便宜的心態來設局。

起初鈴木半信半疑，還是將一千萬日圓匯到對方的戶頭，對方也真的每月按時匯入一百萬日圓到鈴木的帳戶裡。兩個月下來，鈴木覺得應該沒有什麼問題。到了第三個月，對方又傳來訊息：「因為現在業務出了一些狀況，麻煩你再匯五百萬，才能每個月償還一百萬的利息。」結果當鈴木先生再匯五百萬之後，對方就此人間蒸發了。

根據日本警察廳二〇二〇年公布的資料顯示，日本超過六十五歲的人口中，每六點五人就有一個人被詐騙成功過，受害者比例高達百分之八十三點四。這些詐欺手法日新月異，但共同點就是想辦法讓老人家們覺得是自己占到了便宜。可惜的是，即便最後抓到了犯人，被詐騙的錢往往也追不回來了。

抓住人心弱點的詐欺手法

幾年前日本曾經流行過一陣子「是我是我（オレオレ）詐欺」。詐騙集團趁著平日只有長輩在家的時候，打電話到受害人家裡。當長輩們接起電話來的時候，電話那端就會出現「是我啦，是我啦！」的年輕聲音。

如果長輩問：「你是乖孫喔？」

年輕人就會立刻接話：「對啦，阿嬤是我啦。」接著編出自己出了車禍、人在醫院，請老人家趕緊匯錢之類的謊言。阿嬤害怕孫子受到傷害，趕緊到ATM機前依照指示把錢匯了過去。

這種「是我是我」的詐欺手法，臺灣人並不陌生。經過日本警方以及媒體大力的防止宣導之後，曾經沉寂了一段時間，不過最近又有死灰復燃的現象。埼玉縣警方發現，今年一到九月的「是我是我」詐欺犯罪案件比去年同期增加了三成以上，而詐騙集團為了避免受害者從單一銀行大量提款容易被銀行察覺，會指示他們在不同地方的提款機進行小額匯款。

根據警察廳的資料，光是二〇一九年日本高齡者被詐騙的金額就高達三百一十億日圓以上，利用「是我是我詐欺」詐騙成功的受害者，超過百分之九十七點四都是高齡長輩們。既然警方、媒體都一再宣導，為什麼這些高齡者還是會上當呢？主要是這群長輩們往往對自己有「正常化偏誤」（Normalcy Bias）傾向，會以過去所累積的人生經驗來理解眼前發生的事，並且預期未來將會發生的事。這些長輩們認為：「這種事情我早就知道了，不可能會發生在我身上。」結果當事情真的發生時，因為一時慌亂而受騙上當。

住在埼玉縣六十七歲的玉造婆婆，有一天在家裡接到了一通自稱是女兒禮子打來的電話。她當時在心裡閃過了覺得事情有點不尋常的念頭，仍然告訴自己：「知道家裡電話的人不多，而且聲音很像禮子。」直到她把一百萬日圓匯到對方指定帳號之後，才發現是中了詐騙集團的圈套。

很多高齡者大都抱持著「我不會遇到那麼倒楣的事情」、「被騙的人都是自己太不小心」的僥倖心理，即便對方聲音聽起來怪怪的，還是會用「應該是感冒了，所以聲音才會不一樣」的理由來催眠自己。詐騙集團最常見的話術不外乎：「今天不處理，就要花更多錢」、「現在不匯款，就會有危險」，接著利用心理學中的常態（Heuristics）原理，讓處在焦慮、壓力的狀態下的受害者，為了消除心中的不安與恐懼，只能盡快從對方提出來的選項中選擇自認為最「適合」的方法。為了不要花費更多金錢，就立刻處理；為了不要發生危險，就馬上匯款。最後發現自己被騙的老人家，也只能發出：「如果當時可以沉住氣，多想一下，就不會被騙了！」的感慨。

由於不願意麻煩別人的心理作祟，當身體出現病痛的時候，日本老人們通常不希望由家人以外的人來協助照料生活，擔心造成他人困擾或是遭到白眼。這也讓一些陷入孤獨的老人，成了詐騙集團眼中所覬覦的肥羊，某些有心人士鎖定獨居老人需要有人陪伴的心態進行詐騙，甚至謀財害命的新聞也時有所聞。

山田勝夫（化名）今年七十多歲，年輕的時候是個認真踏實的公務員。當他退休之後，妻子已經離開人世又膝下無子，一個人靠著每個月二十萬的老人年金，以及年輕時辛苦工作在東京都心買下的公寓生活，日子也算安穩。不擅社交的山田，退休後沒有再跟過去職場上的工作夥伴來往，過了幾年獨居生活後，漸漸地開始覺得孤單寂寞。這時候，一個跟山田差不多年紀的中年大嬸出現了。她跟山田混熟了之後告訴他，可以幫忙買買東西、管管帳。當山田習慣了她的存在、開始依賴她之後，她又告訴山田，如果想要跟她在一起，就必須立下遺囑：當山田過世後，所有的遺產都由她繼承。

山田不是傻瓜，當然知道大嬸心裡打的如意算盤是什麼。可是山田卻說：「無所謂啦！那些財產都是身外之物，只要她願意陪我說話，經常跟我一起出門走走就好。」

面對孤獨，寧願和陌生人來往，甚至甘願成為詐騙受害者的獨居老人，可說是日本無緣社會[2]中的現象之一，也是一道複雜難解的人性習題。

2 從日本NHK電視台二〇一〇年製播的紀錄片中所發展出的名詞。所謂無緣，是指失去與公司連結的社緣、與家族連結的血緣、與故鄉連結的地緣。

「中年衝撞大叔」是對社會體制的反撲

二〇二〇年六月，日本《產經新聞》社會版出現了一則新聞：一名四十九歲的上班族，在東京二重橋車站等車時，故意用右手肘撞擊一名三十歲女性上班族，結果這一撞，造成了這名女士重傷，必須住院三個星期。

在東京，只要是上下班的高峰期，像是新宿、澀谷、池袋等人潮眾多的車站，很容易遇到這類「中年衝撞大叔」。他們多半穿著西裝，提著公事包，眉頭深鎖，看上去就像是普通上班族一般。此外他們大都是臨時起意犯案，隨著人潮前進時接近目標對象，再用身體衝撞對方，趁著對方驚魂未定的時候，快速地逃離現場，隱身在人群之中。

根據日本警視廳統計，「中年衝撞大叔」專挑落單、看起來沒有反擊能力的女子下手。如果她們身邊剛好有男性或是其他朋友同行，就會收斂行為。

在重視禮儀的日本社會中，為什麼會出現如此怪異的行為呢？一般來說，日本上班族到了四十幾歲的年紀，大都在公司擔任中低階主管職位。但是這群人剛踏入社會時就面臨「就業冰河期」，日本泡沫經濟時期的終身雇用制度早就成了過往雲煙；因此，他們與年紀相仿的同儕之間，只有「人生勝利組」以及「人生魯蛇組」的分別。

這些大叔心裡有著一層陰影，越想要壓抑，黑影越強大，似乎只有對這個社會做一些出格的事情，才能稍微舒緩被自負、自尊心低落和空虛感籠罩的心。長期處在高壓的工作環境，很容易造成抑鬱症狀，但是很多日本人仍然覺得憂鬱症或是自律神經失調都是因為「根性」不足造成的，使得許多人不敢去看心理醫生，也不願面對內心生病的事實，認為是一件可恥的事。

這群「中年衝擊大叔」可說是日本社會長久以來被灌輸服從至上、自我壓抑所造成的反撲力量。想要改善這個社會問題，或許必須從根本的職場文化著手。

百萬繭居族、啃老族寄生的邊緣社會

根據日本內閣府公布的資料，日本全國十五歲到六十四歲的人口當中，有一百一十五萬人待在家裡足不出戶的時間超過半年以上，這些人被稱為「繭居族」（引きこもり）。雖然當中超過七成以上是男性，但是有些學者認為，在內閣府的定義中，沒有把待在家裡做家事、養兒育女或是照顧年老長輩的人一起算進去並不恰當。如果把這群人算進去的話，繭居族的人數不但急速上升，女性的比例也可能會增加。

在日本封閉的社會環境下，沉默寡言、內向的女性很容易成為繭居族，有些人甚至在家一待就是幾十年。

今年二十九歲的井原萌在一家飯店擔任鐘點工，每天的工作就是打掃客房。她跟爸爸媽媽和弟弟住在一起，媽媽為了貼補家用，每天都去超市工作，回到家後也沒時間理她，更別說一天到晚往外跑的弟弟了。因此，跟家人之間的感情不太融洽。

小萌高中畢業後，進入短期大學念書。畢業前，學校老師問她有沒有什麼想做的事情？她想了半天，答案是沒有。畢業之後，她找了一家清潔公司擔任清潔員的工作，一待就是六年。

跟她同期進公司的女同事受不了每天接觸洗潔劑、消毒水的環境，不到半年就離職了。留下來的員工，幾乎都是比小萌年紀大上一輪的阿姨們。

小萌被指派負責一家綜合醫院的清潔工作，每天早上七點去醫院報到，開始擦地板、洗廁所……等打掃清潔工作，中午休息一個小時，吃完飯，再繼續工作到下午四點。對天性喜歡安靜的小萌來說，每天只要按部就班地把事情做完，除非有什麼特殊緊急的事件必須回報，她可以整天不說一句話，輕鬆又自在。後來，小萌被調到一所辦公大樓打掃，做的事情還是差不多。一直到兩年前，她忽然覺得打掃工作好無趣，決定離開原有的工作崗位。

小萌跟主管提出辭呈後，主管沒有慰留她，只是說了一句：「這段時間辛苦了！」

六年來，小萌跟一起打掃的阿姨們幾乎沒什麼往來，有些阿姨們聽到她辭職的消息，淡淡地說：「你們年輕人未來還有很多機會，不要在這裡浪費青春。」唯一關心小萌的是她那個喜歡追根究柢的爸爸，雖然小萌覺得他很煩，但至少有人願意聽她說話，所以把自己離職的心情告訴爸爸。沒想到爸爸只回了一句話：「妳接下來要幹嘛？」小萌發現自己不應該對父親抱持期待，於是走進房間，把門關上，從此在家裡繭居了一年半的時間。

這段期間，小萌每天都關在房間裡上網，除了吃飯、上廁所之外，幾乎不踏出房門一步。雖然剛開始的時候，她並沒有想到要一直待在家裡，曾經嘗試要去美術館或是博物館逛逛，但她是個路痴，也沒有駕照，不能開車去更遠的地方。尤其出門時萬一遇到左鄰右舍的三姑六婆，她們總會關心地問：「妳現在在哪裡上班？有沒有男朋友啊？」讓她覺得很受不了！

漸漸地，小萌乾脆待在家裡不出門，唯一跟外界聯繫的管道就是社群平台。偶爾有些不認識的網友，會在她的臉書貼文按讚或是留言，這些陌生人的肯定，對小萌來說是維持自信僅存的方法。

二十九歲那一年，小萌發現日子似乎不應該繼續這樣過下去。她上網找到一間專門輔導繭居族走入社會的非營利事業組織，鼓起勇氣寫了封郵件去。NPO的輔導員邀請她到辦公室聊聊，聊完之後才知道，原來自己不是不喜歡說話，而是沒有人願意專心聽她說話。

在家裡，小萌的爸爸只會說教，小萌的媽媽則是忙到沒有時間跟她說話，於是她漸漸習慣了不跟人溝通的生活。透過輔導員安排的課程，小萌慢慢地找回了自信心，至少她現在當飯店房務清潔人員，也會跟其他同事們一起談天說笑了。

中高年繭居族成為社會邊緣人

NHK電視台曾經用三年的時間追蹤日本中高年繭居族問題，結果發現，原本依賴父母親的積蓄以及年金度日的繭居族，因為雙親過世、存款用完又無法自理生活，最後走上自殺之路，或是因營養失衡導致死亡的事件，超過七十起以上。根據日本內閣府公布的最新統計，有超過六十一萬名的中高年繭居族，即便想要向外界求助，也因為現行的體制不夠完善，成了這個社會上名副其實的「邊緣人」。

橫須賀市公所生活福祉課的北見萬幸，已經連續兩個星期來敲佐藤伸一的門，每次來總會帶些麵包、飲料給他。

今年五十六歲的伸一，高中時候最大夢想是當一個英語老師，但是連續幾年大學入學考試都名落孫山，最後在不得已之下，只好放棄上大學的念頭，開始進入職場工作。或許是因為個性孤僻又害羞的關係，伸一在每一家公司總是沒辦法待太久，他從二十幾歲就開始頻繁換工作，越來越害怕跟人群接觸。有一天，伸一不再出門工作，把自己關在橫須賀的老家，與外界切斷了所有的聯繫。他的弟弟次郎受不了哥哥這種行為，搬出了家裡，以開計程車維生。

後來，佐藤次郎的父母身體狀況出了問題，爸爸罹患癌症，媽媽也被診斷出患有失智症。次郎很擔心老家的狀況，又沒有餘力可以幫忙，於是他打了通電話，請求縣政府的「地區看護系統」協助照顧家人。

「地區看護系統」的工作人員在與次郎的訪談中，掌握了佐藤家的狀況。但是因為「地區看護系統」的服務對象是六十五歲以上的老人，伸一並不符合資格。即便如此，地區看護系統主任千葉順子還是答應他會趁著照顧佐藤老夫妻的時候，了解伸一的狀況，但是不久卻傳來佐藤老夫妻相繼過世的消息。

千葉順子想要協助伸一，卻無法動用「地區看護系統」的資源，只好把案件轉介到橫須賀市公所的北見萬幸手上。北見接到通報前往探視伸一，始終無法打開他的心防，加上政府機關不能使用強制的手段「押送」他進入看護機構接受照顧，就在北見第一次拜訪伸一的一個月後，他因為營養不良死在家中的榻榻米上。

在日本，像佐藤伸一這樣的案例並不少見。根據日本內閣府統計，全國六十一萬名繭居族之中，有超過七成是中高年男性；有將近一半的人，繭居時間超過七年以上。這群長期繭居族，大都因為在求學或是就職時遇到了重大挫折和打擊，甚至是校園和職場霸凌，最後選擇了待在家裡不出門。

活在父母羽翼下的中高年啃老族

日本內閣府曾經公布一份調查報告，引起了日本社會一陣騷動。報告指出，日本全國的中高年啃老族高達六十一萬三千人，這個現象稱為「八〇五〇問題」或是「七〇四〇問題」[3]。這些年紀大約四十到五十歲之間的中高年啃老族，大都從二十幾歲時就把自己關在家裡足不出戶，靠著老爸老媽們「供養」。二十年過去了，他們的爸媽已經是進入七、八十歲白髮蒼蒼的老人，而他們頭上也開始冒出了白髮，卻沒有謀生的能力。

在日本全盛的八〇年代，四十多歲的山本康彥（化名）當上一家大型電器公司的中階主管。他花了一千多萬日圓，在距離東京都心不到三十分鐘車程的地方，蓋了一間大約一百坪的透天厝。那時候他的兩個女兒分別是十三歲和九歲，山本康彥開始想像著將來有一天這裡會是兒孫滿堂的畫面。

3 所謂的「八〇五〇」或「七〇四〇」，前面兩個數字代表父母親的年紀，後面兩個數字則是孩子的年紀。

山本康彥蓋了這棟透天厝之後，為了還清房貸，每天早出晚歸地辛勤工作，到了假日也無法休息，必須陪著客戶吃飯應酬、打高爾夫球，家裡的事情全都交給太太打理。

山本太太在家裡也沒有閒著，她積極地栽培兩個女兒，讓她們學鋼琴，還把家裡的書房改裝成練習室，就像「虎媽」一樣，厲行軍事化管理。最後雖然小女兒如願取得鋼琴教師的資格，進入了一間全國知名的連鎖音樂教室工作，大女兒卻得了憂鬱症。

起初山本夫妻想，如果小女兒可以找到一個好歸宿，也算有些安慰。沒想到小女兒從小被嚴格要求學習，沒有時間跟其他同年齡的小朋友玩耍相處，導致社會化程度低。出了社會之後，她依然我行我素，不但跟同事處不來，就連學生也躲她躲得遠遠的。所以，沒多久她就把工作辭掉了，將自己鎖在房間裡，除了家人之外，不跟任何人接觸。

小女兒的個性越來越古怪，動不動就對母親和姊姊拳打腳踢，山本太太與大女兒受不了她的無理取鬧，乾脆搬出去住，只留下山本先生和小女兒一起生活。但是小女兒對於每天辛苦工作的爸爸不但沒有心存感激，還覺得自己從小被父母親要求乖乖聽話，才會變成今天這個樣子，全部的錯都是他們造成的！因此她經常用山本先生的信用卡上網購物。已經八十歲的山本先生擔心再這樣下去，銀行裡的存款很快就會被花光，但是面對這個關在家裡二十年的女兒，他實在不知道該怎麼辦才好？

在昭和年代高度經濟成長的時期，日本國民普遍抱持著「明天會更好」的想法，所以安心地為自己編織未來十年、甚至二十年的藍圖。到了平成年間，一群三十到四十歲的中年族群，相對於上一個世代，他們身處令人悲觀的職場，隨時可能遇到被解雇或是公司倒閉的命運；此外他們也不願意積極投入婚姻，選擇與父母親同住。這群依附在父母親保護傘下的啃老族，切斷了一切與社會的連結，活在看似優遊自在卻只有自己的世界裡。但是，隨著時間一天天過去，他們的雙親陸續從職場上退休，只能靠著退休金以及政府發放的老人年金生活。一旦父母親過世，又與社會脫節太久，他們很難再回到正常社會；倘若父母留下的遺產不多，很有可能成為下一個孤獨死的老人。

| Chapter 2 |

人生下半場，
開拓新生活

追求自我，享受更舒服自在的「老活」

七十四歲的知名作家坂東眞理子，出版的《女性的品格》銷售已突破三百萬本，是日本超級暢銷書。她在五十七歲的時候從政府機關退休，受聘到昭和女子大學擔任教授，三年後升任校長，現在是昭和女子大學的理事長兼校長。近年來她積極提倡「老活」的概念，並撰寫了《老活的建議，如何開始？如何繼續？以及如何修正？》（老活のすすめ はじめること 続けること 見直すこと）一書，談到很多人以為年紀過了六十歲，人生就開始走下坡路，其實並非如此！在她的觀念裡，日本人的平均壽命很長，男人可以活到八十一歲，女人可以活到八十七歲，就算回頭看五十歲的自己還很年輕呢！

印度將人生分成四大歷程：三十歲前後的「學生期」、六十歲前後的「居家期」、八十歲前後的「林棲期」、八十歲之後是「雲遊期」。很多日本人都是從努力工作的居家期跳到雲遊期，想要拿著退休金四處旅行，並且等待著人生的終點到來。

坂東眞理子認為這種思考方式太過消極，忽視了人生中最有趣的林棲期，進入這個時期之後，更應該心無罣礙地好好享受人生。

坂東眞理子強調：所謂優遊自在的生活不是一個人離群索居，建議退休族走出同溫層。日本上班族到了居家期，幾乎做什麼事情都會先想到利害得失，對於無法獲得利益的事情，興趣缺缺。但是進入了林棲期之後，不妨結交一些新朋友，做一些不求報酬的義工活動。

到了林棲期，已經不必像在職場打拚的時候，事事都要講求效率和完美主義，好像每次上場沒有打出一支全壘打就對不起自己似的。此時，追求的是一種心靈的滿足和成就感；不論是多麼微小的事情，只要能把它做好，就是成就。

限制老後人生的不是年齡，是自己

日本有位健身運動教練瀧島未香，今年已經九十歲了，她六十五歲時才踏入健身房，在五年的時間內，成功減去十五公斤的體重。

瀧島阿嬤身高只有一百五十公分，卻不像同年齡的人一樣彎腰駝背，顯得老態龍鍾。她不但每天快走四公里以及跑步三公里，還可以一百八十度劈腿，身體相當健康硬朗，聲音鏗鏘有力，整個人充滿了活力，只要有她在，總是笑聲不斷。

瀧島阿嬤說到自己開始健身的原因，其實是因為老公嫌她胖！有天，六十五歲的瀧島阿嬤一邊吃晚餐一邊看著電視，瀧島阿公突然看了看她說：「妳胖很多捏！」

聽到這句話，瀧島阿嬤心頭一驚。第二天，瀧島阿公拿了一疊健身房的簡介，要她去報名健身。從此，瀧島阿嬤每天上健身房，透過肌力訓練、有氧運動以及游泳等，慢慢地培養出了對健身的興趣。

一般人可能會覺得年紀大了，只要維持正常體重就好。但是瀧島阿嬤不一樣，瘦身之後，她繼續用八年的時間，鍛鍊出完美的身材。七十歲那年，她認識了一家新開的健身中心老闆中澤智治，中澤本身是個健身教練，瀧島阿嬤每個星期一次會在他的指導下做塑身訓練。

性格開朗的瀧島阿嬤除了熱中健身之外，也喜歡交朋友。她在健身房裡看到新人學員不會使用健身器材時，總會主動上前協助。她經常掛在嘴巴上的話是：「人喔，沒去嘗試永遠不知道結果會怎樣，不要把年紀當作藉口，只要不放棄，一定會成功。」

看著瀧島阿嬤一路成長的中澤教練，有一天突然跟她說：「從今天起，妳要不要當我們健身俱樂部的教練？」

瀧島阿嬤聽到的第一個反應是：「你在開玩笑吧?!」但是在中澤教練的鼓勵下，日本年紀最大的健身運動教練也由此誕生。跟著瀧島阿嬤學健身的學員已超過二十人，年紀從四十到六十歲都有。許多學員們看到瀧島阿嬤以這樣的年紀還可以保持好身材都很羨慕，也更有信心持續運動下去。即使在新冠疫情期間，他們仍透過 ZOOM 跟瀧島阿嬤學習她自創的健身操。

有人問今年已經九十歲的瀧島阿嬤，接下來有什麼新的目標？她不好意思地說：「我想要鍛鍊出像巴西女人那樣豐滿上翹的臀部。」

全球最高齡的程式設計師

在二〇一七年的蘋果開發者大會（WWDC）中，一名來自日本的八十四歲老太太，也出席了這個盛會。這個老太太的名字叫作若宮正子，年輕的時候在銀行工作，她在五十八歲那一年計畫從銀行退休，但不知道退休要做什麼，因此從存摺裡取出一筆錢，買了一台頂級電腦。

正子婆婆說：「剛開始與其說是想學習電腦，還不如說是買了一台很貴的玩具回家。當時吸引我的是好奇這台電腦裡面，有多少好玩的東西藏在裡面？」

住在東京神奈川縣的她，找了一位住在宮城縣的老師學習操作電腦。這兩地距離超過四百公里，即使搭新幹線也要三個小時才能到達。但是透過網路通訊軟體，隨時隨地都可以上課。她從簡單的操作開始學起，慢慢設計出幾個有趣的小程式，一頭栽進了電腦程式開發的世界。

有一天，她跟一群老朋友喝茶聊天的時候，某位老先生說：「年紀大了，用手機覺得很無聊，也沒有什麼有趣的程式可以玩。正子啊，妳不是會寫程式，要不要開發一個給我們這些老人玩的應用程式啊？」

正子婆婆反問：「怎樣的程式，你們會覺得有趣呢？」

「哎，妳覺得有趣就一定有趣啊！」老先生說完，大笑離開。

留在原地的正子婆婆認真思考，發現現在的年輕人幾乎沒有人知道女兒節雛祭的人形娃娃該怎麼擺放，於是她決定開發一個叫作「hinadan」（雛壇）的遊戲，讓大家可以在玩遊戲的同時，記住這些人形娃娃的正確擺放位置。

「雖然很多人都以為想要設計開發程式，必須要具備理工知識。但是我覺得對於事物前後邏輯與順序的正確理解才是最重要的。」她說。好不容易，正子婆婆開發完成了 hinadan，但是在準備上傳 Apple App 審查前，她卻猶豫了。

「我不太會優化畫面，有點擔心會因為畫面太醜被退回來。不過想一想，這次沒有成功的話，明年還是有女兒節，再花一年修改，總有會過的一天吧！」沒想到這款遊戲一次就通過審查，也意外地大受歡迎，一上市就達到四十萬次下載量。

讓正子婆婆感到驚訝的是，這個hinadan應用程式吸引了蘋果CEO庫克的注意，特別邀請她參加Apple WWDC開發者大會，「原本以為跟庫克先生只會說一句Nice to meet you的應酬話而已，沒想到我們居然可以從手機畫面大小，一路聊到矽谷很少開發專門提供給高齡者的應用程式，高科技對於高齡者不是很友善等話題。」她說。

現在hinadan不單吸引想要打發時間的長輩們，連他們的孩子、孫子們也都被圈粉了。後來正子婆婆又開發了另外一個新「玩具」，把過去在銀行工作經常使用的試算表程式，設計成數位編織程式。「只要買電腦就一定會安裝EXCEL軟體，但是對於我們這些老人家來說，一點用處也沒有。所以我靈機一動，想出一個讓大家會想要使用它的方法。」日本老太太們很喜歡打毛線，於是若宮老太太就把試算表的格子當成畫布，一個一個地塗上顏色、繪製圖案之後，再將這些作品列印輸出，做成衣服、背包，開拓出另一個商機。

若宮正子經常受邀演講，並曾以「高齡化社會與活用數位技術」為題，在聯合國以英語進行演說。有人問正子婆婆如何可以開發出一件又一件令人驚嘆的作品？她說：「應該是好奇心吧！我相信每個人從小都有滿滿的好奇心，只是隨著年紀增長，好奇心也一點一滴地消失了。」

誰說夢想是年輕人的專利？對於瀧島阿嬤和正子婆婆來說，「年齡」只是一個數字而已，即使步入老年，也不要把年齡當作遲遲不行動的藉口，行動力才是實現夢想的起點。

「青銀共居」：高齡者的理想居所

「青銀共居」的觀念於二〇〇三年第一次被提出，那一年夏天歐洲的氣溫極度炎熱，在法國有將近一萬五千名的獨居老人因此死於熱浪之中。這時候幾個法國NPO提出了一個構想，想要替名下擁有不動產的獨居老人以及正在大學念書的學生或是剛出社會的年輕人媒合，讓年輕人可以極低的租金與老人同住一個屋簷下。這項計畫依照高齡者的健康程度，分成「連帶型住居」、「經濟型住居」以及「免費型住居」，免費型住居雖然入住不用花一毛錢，但是年輕人必須在週末假日的時候，全天候陪伴照料這些高齡老人。

這個模式在法國取得成功之後，歐洲許多國家包括荷蘭、比利時都相繼跟進，日本的NPO組織也在兩年前引進了類似的模式。根據去年日本全國普查的資料：在六十五歲以上的人口當中，每八個男性之中就有一位過著獨居生活，而女性則是每五個人之中就有一位是獨居老人。這些散落在日本各地的獨居老人有幾個特點：他們對於社會活動參與度低，幾乎足不出戶，所以人際關係網相對地薄弱。

在東京大學所在地的本鄉地區，附近的居民大約有八成以上超過六十五歲，街區也缺乏元氣與活力。為了解決這個問題，本鄉町內會（街坊委員會）決定導入青銀共居的概念，他們利用每週星期一晚上在活動中心舉辦媒合會，邀請附近幾所大學，像是東京大學、順天堂大學、明治大學以及日本大學的學生團體與當地的獨居老人們一起吃飯交流。這些老住戶們的兒女大都已長大成人自立門戶，加上另一半早就不在身邊，獨自守著空蕩蕩的房子，一個人孤單地生活。

本鄉地區附近有不少知名的大學，因為距離東京都的都心不遠，房租始終居高不下。從外地來求學的學生們，很難在附近找到租金合宜的房子，因此這個構想自然受到了學生們的支持。這種青銀共居的模式，在日本幾所大學附近的商店街都具有不錯的成效，不但讓老人們有可以聊天陪伴的對象，也讓學生在有限的經濟條件下找到了合宜的居住環境。

「最近街坊慢慢地恢復了一些元氣，經常看到學生們陪著老鄰居出門買東西的情景。」町內會的幹部對於這個改變感觸很深。

當老人從職場上退休，孩子都已長大獨立，家裡只剩下夫妻兩人時，將多出來的房間分租給年輕人，一方面藉此認識年輕的朋友，另一方面互相有個照應，算是兩全其美的做法。但是青銀共居，也不是完全沒有問題。偶爾還是會有老人家抱怨，學生的生活習慣不好，房間都不整理；或是有些屋主會問，做飯的時候，到底要不要幫學生們也準備一份呢？站在學生的立場，他們也會擔心跟老人家住在一起後，自己會成了變相的看護。萬一發現老人家病倒了怎麼辦？該幫忙照料到什麼樣的地步？這些問題即便是在入住前雙方都已說清楚，一旦事情發生後還是會很麻煩。「青銀共居」的概念固然不錯，但畢竟人與人之間，不論是信賴關係或是情感的建立，都需要時間的磨合才行。

中年人、銀髮族是空屋市場主顧

二〇二〇年九月，日本總務省統計局有項報告指出，全日本已有超過八百萬戶空屋閒置，預估在二〇三〇年，將會有超過兩千萬戶空屋。這些空屋的屋況優劣不一，有些屋主想賣房子，卻始終找不到合適的買家。

今年六十五歲住在佐賀小城市日月町的中島竹彥說：「我們這個地區，大概每七戶就有一戶是空屋。」根據調查，佐賀縣的閒置空屋超過了五萬零三百棟，是二十年前的兩倍。六年前，中島的父親過世後，母親被送到安養院，這間屋齡四十二年的兩層木造房屋就一直空著。

中島說：「要照顧一間空房子非常辛苦，除了平常要小心闖空門的小偷，因為房子沒有人住，通風不好，屋況也一天比一天糟糕。」他曾經嘗試要把房子租出去或是賣掉，但是畢竟地處偏僻，總是乏人問津。

為了解決這個問題，日本出現了一個叫做「空屋 Gateway」的房仲網站，網站裡待售的物件，從一百到一百萬日圓不等。一間位在櫪木縣那須町的三層木屋，土地面積大約兩百坪，除了三房兩廳，旁邊還有一棟小木屋。浴室銜接當地溫泉的泉源，一年四季都可以泡到溫泉。這間屋齡三十年的木屋，只要一百萬日圓就可以買到，如果加上種種行政規費，總價不超過一百五十萬日圓。

「只要準備一百日圓就可以在輕井澤擁有一棟房子！」這則售屋廣告聽起來是不是很吸引人？

另外一間位在輕井澤一房兩廳、面積約九十二坪、屋齡四十年的木造平房，附設北歐家具以及餐具，售價是一百日圓。

經營這個網站的川口直人說：「這些物件的屋主，有些因為年事已高，實在無力管理這些閒置的空屋，如果可以找到新的屋主繼續使用，不會把房子拆掉，是他們最期待的事。」

川口說：「其他的二手房仲網站大都是以銀髮族客人為主，我們的網站幾乎都是二十到四十歲的年輕人前來詢問。」眼看新冠疫情一年半載之內很難平息，許多住在東京都心的夫妻，選擇用相對便宜的價格買進這些空屋，萬一疫情嚴重時，還能有個避難場所。這也讓川口直人的網站從去年七月開設之後，一直維持著高流量，上架的二十八個物件中，已有一半以上的成交量。

一卡皮箱入住鄉間別墅

除了以低價買進這些閒置的老房子，日本還推出了一種訂閱制別墅。熊本縣南阿蘇高級別墅區，有一棟北歐風格的別墅，屋主蓋好房子後由於不常使用，便交給一個叫做「全國渡鳥（候鳥）生活俱樂部」的不動產公司來經營管理。

今年九月，一對住在兵庫縣的退休夫妻加入會員後，發現每個月只要支付五萬日圓就可以帶著行李直接住進這棟別墅，十分划算。別墅裡不但有網路、各種備品，也有專人會在固定時間做清潔打掃，水電瓦斯費用都包含其中，可說物超所值。

除了阿蘇之外，全國候鳥俱樂部在京都、岐阜高山市都設有據點。使用這些別墅的會員，可以長期住宿，也有人把它當成料理工作室。全國候鳥生活俱樂部計畫在五年內增設五百間老房子，同時把會員人數擴充到一千五百人。他們並設有區域顧問和嚮導義工，當會員住進之後，這些顧問及義工會免費提供諮詢服務，讓長住會員們能在短時間內體驗到真正的在地生活。

以露營車為家的現代游牧族

看過第九十三屆奧斯卡最佳影片《游牧人生》（Nomadland）的觀眾，相信對電影中的公路之旅和小人物故事，印象一定相當深刻。在日本，有一群二十到五十多歲的人，放棄了過去傳統「安土重遷」的想法，將所有的積蓄換成了一輛可以住的露營車，在全國遊走奔馳著。

這輛露營車等於是他們的家，不但可以睡覺，還配置了廚房、浴室，開到哪裡就住到哪裡。日本許多公路都設有稱為「道之驛」的汽車休息站，不但可以採買食材及生活用品，還能幫車子充電。有些設備高檔的道之驛，還會提供包括溫泉在內的沐浴盥洗設備，讓這群現代的「游牧民族」有一個可以暫時歇息停靠的地方。

齊藤夫婦曾是跨國企業的高階主管，頻繁往返世界各地對他們來說是家常便飯，但當他們五十歲的時候，「到鄉下過下半輩子」卻成了共同的想法。為了實現這個夢想，他們開著露營車四處旅行，一邊尋找未來生活的新天地。

從福岡的糸島到沖繩的宮古島，都有他們的足跡，但是這些地方擠滿了跟他們一樣想到鄉下定居的都市人。這些地方的屋子，不論是租賃或是購買，價格都不會比東京近郊城市來得低，而且太多來自都會的人才聚集在一起，似乎也沒有自己可以貢獻的地方。

於是，齊藤夫妻憑著直覺，最後來到長崎一個名為「東彼杵町」的海邊小鎮。他們買下了一間已經歇業的木造小旅館，裡面的門窗、地板全是昭和時期的樣式，而且旅館外頭還有一片小菜園。現在，他們仍然會開著車四處露營，但是這個海邊的小旅館，就成了他們的老年心靈休憩站。

單身大齡女子的另一個選擇：合租公寓

在現代社會，到了一定年紀必須要結婚的觀念早已被打破，不管是臺灣或是日本，單身獨居的人口都逐年增加。只是，單身生活雖然自由，一般日常開銷也比其他家庭來得高。為了解決這樣的問題，原本學生們為了節省房租而居住的合租公寓，最近在日本一群年過四十歲的單身女性生活圈中也頓時流行了起來。

根據日本國土交通省的報告，二〇一三年合租公寓只有四百棟，到了二〇一九年已經激增到四千棟以上，且房客中有三成是三十到五十歲的「大齡女子」，男性則集中在五十歲之上，幾乎都是熟年離婚的大叔。

今年三十九歲的自由作家藤谷千明，有位相戀十年的男友，兩人因為意見不合而分手，她也搬出了與男友同居的住處。雖然以她的財力，想找到一間安全又舒適的房子並不是問題，但是想到接下來還有幾十年的人生道路要走，她越想就越害怕，「到了這個年紀，萬一孤獨死怎麼辦？」

藤谷反覆思考之後發現，不如找幾個志同道合的朋友一起合租房子。於是她問了幾位經常在網路上聊天的朋友，一下子就找到了四個願意共同承租的室友，為了避免在同居生活中產生衝突，她還特別立下了生活公約。過去藤谷居住在只有廚房和衛浴的套房，每個月包括房租、水電以及網路費，大約要十二萬日圓，與其他人合租這間老房子，每個月只要負擔約六點八萬日圓的租金。

這間在東京都內有獨立門戶和庭院、五房兩廳的老宅，離車站有步行十五分鐘的距離，而且是昭和年間所蓋的房子，但是她們把寬敞的客廳布置得像是咖啡廳一樣。當藤谷把自己的生活在網路上公開後，許多人都羨慕不已，她也以四人的同居生活為題材，出版了一本散文集《四個宅女子，共住一個屋簷下》（オタク女子が、4人で暮らしてみたら），獲得了不少女性讀者的共鳴。

當人類平均壽命增加，人們對幸福的定義，不再限制於有個好歸宿、兒孫滿堂的傳統思維，能夠活得更自由自在，成了許多人內心真正的渴望。只是離群索居的社會風險太高，若能找幾個志同道合的朋友一起生活，互相有個照應，成為大齡女子的另一個選擇。就像藤谷說的：「女人過了四十歲之後，大概也不會遇到突然結婚、生小孩這些意外，與其一個人生活，或許找群好姊妹一起住，才是最正確的選擇。」

離婚不是悲傷的終點，是追尋幸福的開始

美國微軟創辦人比爾．蓋茲與 Amazon 創辦人貝佐斯，這兩個家財萬貫的世界富豪進入熟年之後，不約而同地選擇結束了二十多年的婚姻生活。而比爾．蓋茲在今年五月四日星戰日宣布離婚，立刻在全球造成了轟動。

日本最早出現「熟年離婚」這個詞彙，可以回溯到二〇〇五年由已故的演員渡哲也與演技派女星松坂慶子主演的日劇《熟年離婚》，劇情描述在花樣年華嫁給渡哲也的松坂慶子，當丈夫退休之後，她拿出了離婚同意書，打算結束三十多年的婚姻生活，重新追求自己想要的人生。這部戲當時不僅引爆社會話題，也引起了許多熟年女性的共鳴。

根據日本 Recruit 婚姻綜合研究所在二〇一六年公布的一項調查，每年的日本離婚個案中，超過百分之六十四是由太太主動提出。另外，超過四十歲以上的熟年夫妻中，認真考慮過離婚者，先生占了百分之三十五，太太則

超過百分之四十二。由此可看出，離婚的主導權幾乎都在女方手上。

過去日本熟年離婚的比例並沒有那麼高，主要是受限於女人離婚之後沒有謀生能力。她們長年在家當專職主婦，能拿到的只有每個月六萬日圓左右的國民年金，但是外出工作的丈夫除了國民年金之外，還有每月固定從薪水中提存的厚生年金。為了消弭這個不公平的現象，日本政府在二〇〇七年更改年金制度，規定丈夫提存的厚生年金，退休之後必須要提交一半給配偶。這項「年金分割制度」即便夫妻離婚依舊有效，也讓女性在經濟上能得到更多的保障。

今年六十三歲的渡邊奈津子（化名），二十四歲時嫁給了在同間公司食品開發部門工作，比她大七歲的上司渡邊孝志。婚後不久她就懷孕了，因此選擇離開職場，專心在家裡照顧小孩。一晃眼，三十幾年過去了，他們的獨生女美穗成為人妻，生了個可愛的小娃，此時她覺得自己該盡的責任已了，拿出準備好的離婚同意書給孝志蓋章，令他感到十分錯愕。

奈津子說先生一直都很努力地工作賺錢，也沒有外遇的問題。但是，從美穗出生開始，他們夫妻幾乎沒有出門旅行過，每天先生從公司回到家裡之後，除了吃飯、洗澡外，兩人幾乎不說一句話。

自從美穗出生之後，奈津子覺得自己像是渡邊家找來的家政婦，每天的行程就是帶孩子、煮飯、洗衣服、整理家務。不過，最讓奈津子不滿的是孝志有暴力傾向。

「對於任何事情，我都不能回嘴，只能聽從他的命令去做，而且只要一個不順心，他會立刻把手上的東西丟過來。」

隱忍三十多年的奈津子，當女兒長大獨立後，就去找了一份與醫療業務有關的時薪工作，最後考上了醫療業務管理士資格，成為正社員。當她確定自己往後的經濟條件無虞之後，下定決定離開丈夫，結束了這段婚姻關係。

奈津子回憶剛離婚的時候，心裡有些落寞，偶爾還會想哭。本來以為離婚後會得到解放的她，卻莫名覺得悲傷。過了一個月之後，忙碌的工作才讓她重新適應了單身的生活，最近她在職場上遇到了同樣離過婚的男性，下班之後兩人會一起吃飯聊天，戀愛的感覺似乎又回來了。

根據日本厚生勞動省統計，從二〇一七年開始，日本人每年的離婚數量大約六十萬件左右，平均每三組結婚新人當中，就有一組以離婚收場。最近幾年，結婚後不滿十年離婚的人數呈現減少的現象，反而是結婚超過十年以上的夫妻，離婚率從一九七〇年代不到百分之五，成長到如今的百分之二十以上。

看來，面對人生一百年時代，平均壽命比男性多六年的女性，認真考慮一下自己的第二春，似乎也不是一件壞事。

拒絕扮演「賢妻良母」角色的新時代女性

在重視傳統的日本社會中，漸漸出現一些對「男尊女卑」的保守觀念進行批判的聲音，日本前首相安倍晉三也積極推動男女工作平權，但是在一般家庭中，男女性別平等一直受到牽制。整體來看，年長一輩的思想依舊停留在過去的時代。

去年，時尚模特兒牧野紗彌宣布離婚的消息很快成為了新聞追逐的焦點。今年三十七歲的她，擔任過許多時尚雜誌模特兒，也是三個孩子的媽媽。結婚已經十二年的她，今年做出了跟丈夫離婚的決定，原因不是彼此之間的感情出現了問題，而是想要對日本現行的婚姻制度進行一場「自我升級」。牧野說。

「從小媽媽就告訴我，女人在家裡注定一輩子就要當一個好演員。」

牧野回想自己小時候總是被媽媽耳提面命地告誡，不管心裡有什麼想法或不愉快，為了家庭的和諧都要忍耐，希望她長大以後當一個稱職的好太太、好媽媽。

牧野二十五歲時懷了第一胎，她抱持著跟媽媽同樣的想法，努力扮演一個賢妻良母的角色。但在她生完第三胎，重新回到工作崗位後，忽然發現：「我為什麼要把自己搞得這麼累？」牧野的丈夫是個標準的日本大男人，白天上班，晚上回家就是躺在沙發當馬鈴薯人，不管牧野工作有多忙，完全不會動手幫忙做家事或是照顧孩子。

牧野的丈夫並不是不愛她，他只是覺得育兒和做家事本來就是女人的「職責」。

有一天牧野工作回家，發現家裡又是一團亂，她驚覺到好媽媽的定義，應該要被重新定義了。於是她和丈夫商量：「你要不要從下個星期開始，用一週的時間，把我每天在家裡做的事情，自己做做看？」丈夫一開始面有難色，但在牧野的堅持之下，勉為其難地答應了。

「做了一個星期才發現，原來妻子平常做的事情，真的不是一個人可以做得來的。」牧野的丈夫體認到當一個職業婦女有多麼辛苦，把家務全推給妻子也是不公平的事，從此開始分擔家事及育兒的工作。

只屬於「丈夫家」的孫子

在日本，只要男女雙方結婚，女方就得放棄原有的姓氏，改成與丈夫同姓。雖然日本國會對「夫妻別姓」的立法議題一直有所討論，直到現在都沒有一錘定音的結論。

「小孩出生後，我想要跟娘家討論孩子的問題，我媽總會說：『那是他們家的孫子，要跟妳的婆家商量。』」

牧野紗彌認為這樣的制度很不公平，於是跟丈夫商量離婚。

「起初聽到紗彌說要離婚，心中覺得很不安，但後來想想，除了姓氏改變之外，什麼都沒有變，似乎也沒什麼不妥。」夫妻倆還把三個年幼的孩子找來，開了一場家族會議。獲得孩子認同後，他們簽下了離婚同意書，此外還簽了一份「事實婚」契約書。

在日本，「事實婚」的定義有兩種，一種是沒有舉辦婚禮，但是前往戶政機關做結婚登記。另外一種就是像牧野紗彌這樣，取消了法律上的婚姻關係，但在生活中依舊保持原本的婚姻型態。

取消了法律婚，讓牧野在簽署工作合約等重要文件時，不必再使用夫家的姓氏。她說：「在人生一百年的時代裡，不太可能只仰賴伴侶支持自己的生活，現代女性除了結婚、生孩子之外，還必須回到職場工作。她們的人生應該有更多不同選擇的自由，重新定義婚姻是日本社會必須正視的課題。」

牧野體認到：「我不必像母親說的，一輩子在家裡當一個演員。因為只有真心開懷的笑容，才能夠打動家裡每個成員的心。」

現在牧野一家五口，仍然像往常一樣和樂融融地生活著。

尋找人生第二春：中高齡線上交友盛行

根據「NTT Docomo 移動通訊社會研究所」調查，日本六十歲以上擁有智慧型手機者占六成以上；而在智慧型手機普及的現在，透過手機線上徵婚交友 App 尋找戀情的方式，也不再是年輕人的專利。

住在神戶的石神國子今年六十四歲，二十年前她因為丈夫外遇而離婚，一個人辛苦地拉拔兩個孩子長大成人。十年前，她的兩個孩子各自獨立，離開家裡；去年她也從公司退休，每天跟著養育多年的柴犬一郎一起生活。

「我喜歡烹飪，但有時候也會想，難道接下來的人生，就是自己做菜給自己吃嗎？」她偶爾會興起想要再婚的念頭，但是長年累月地忙於工作，很難找到交往的對象。新冠疫情爆發後，石神婆婆有整整兩個月都找不到人說話。因此，當她到超市買東西的時候，還會故意問超市店員：「那個洗髮精進貨了沒有？」

有一天，石神婆婆以前公司的同事告訴她：「最近有個婚配 App 專門媒合中高齡族群，從認識到結婚都有不少成功的案例。」石神婆婆想到自己年輕的時候曾經看過一部美國影星湯姆．漢克斯與梅格．萊恩主演的電影《電子情書》，兩人透過電子郵件，發展出一段浪漫愛情故事。和當時不同的是，透過智慧型手機一鍵就能完成註冊程序。但是一開始，石神婆婆對於在網路上刊登自己的照片有些抗拒，「都一把年紀了，怎麼拍都不好看！」在長女的幫忙下，好不容易拍了一張還算滿意的照片，才完成了註冊。

第二天，石神婆婆打開 App 一看，一個大大的愛心出現在眼前。「呦～原來我還是有些魅力啊！」

按讚的是一位年紀將近六十歲的男性，就住在她家附近，於是石神婆婆回應了一個讚，兩人算是配對成功了！但是經過幾次線上互動，最後還是不了了之。不過，最近又有另一名年約七十多歲、跟她一樣喜歡學習語言的男性配對成功。兩人除了互傳訊息之外，也約好出來喝咖啡。

「我自己知道，接下來的人生沒有多長的時間，即便兩人沒辦法走上結婚，偶爾有個可以一起聊天吃飯的對象，其實也不錯。雖然對方有小孩，而且這個年紀還有健康照護的問題，但如果是個個性善良的人，又何必在意呢？」或許石神婆婆從一開始使用婚配 App 就抱持著隨遇而安的態度，讓她更容易遇到情投意合的對象。

從石神婆婆的例子中，可以看出中高齡單身族群婚配 App 市場的潛力無窮。根據日本婚配研究機構的統計，去年日本線上婚配服務市場規模高達五百三十億日圓，預估到了二〇二四年可以突破一千億日圓大關，其中超過兩成以上的會員是五十歲以上，甚至還出現了九十歲的銀髮族會員。

經營婚配 App 的三浦浩之分析：「從會員們的自我介紹中可以發現，中高年人重視的不光只是顏值這些外在條件而已，人生觀、價值觀是否符合也是考量標準。」

弘兼憲史是日本知名漫畫家，他的作品除了描繪日本上班族職場生態的《島耕作》系列叫好又叫座之外，還有一套專門描述中老年人各種遲暮之戀的漫畫《黃昏流行群》，也非常受到讀者歡迎。

當孩子們逐漸長大單飛，面對人生空巢期，有些長年為家庭付出的女性體會到「夕陽無限好，只是近黃昏」，選擇了熟年離婚。有些人儘管知道自己年紀越大，距離人生的終點越來越近，仍然渴望找到可以互相扶持的老伴。隨著日本交友網站平台蓬勃發展，在弘兼憲史漫畫中所描繪的中老年幸福之戀，也在真實世界上演著。

健身俱樂部拓展中年退休大叔的交友圈

二〇〇六年由阿部寬主演的日劇《熟男不結婚》，曾經創下了超高收視率，劇情描述了抱持獨身主義的四十歲怪咖建築師的生活日常；二〇一九年他再次挑大梁主演《熟男還不結婚》，網路上討論度依然非常熱烈。只是，劇中的男主角桑野信介已經五十三歲，邁入了人生的下半場，仍然堅持不婚主義。他說：「人如果能活一百年，那必然會迎接人生的第二個階段，但是我認為結婚與否和人生第二個階段的幸福無關。」

在現實社會中，許多跟他差不多年紀的中年男性上班族，不管已婚、未婚，他們原本的生活型態是每天打卡上班，下班後跟同事喝酒到半夜，第二天依然早起去工作。但是當他們到了即將退休時才發現，如果不想辦法找到人生下半場的興趣，開拓自己的第二人生，很可能會成為一個與社會脫節、被孤立的老人。而社區裡的健身俱樂部，似乎給這群徬徨的退休大叔們，帶來了一線生機。

星期天一早，神奈川縣大磯町的大磯港，有五名中年男女正在漁港邊有說有笑地釣魚，他們是同一家健身俱樂部的會員，經常在運動空檔聊天，後來發現彼此都有共同的釣魚興趣，私底下成立了一個十人的小型社團，每個月都會固定找一天，去不同的地方釣魚。

五十六歲的安部哲也（化名），年輕時就喜歡釣魚，因為沒有可以一起釣魚的夥伴，加上每天在公司裡從早忙到晚，慢慢地也就忘了這個嗜好，當他聽到有人成立了釣魚社團，立刻報名參加。

今年六十二歲在市公所上班的佐藤茂美（化名），雖然從來沒有拿過釣竿，但是想到自己再過三年就要退休，很怕寂寞的她，心想有個可以跟大家一起行動的興趣也不錯，於是加入了釣魚行列。

今年七十六歲的青木甚一，七年前愛妻過世之後，一個人形單影隻地過生活。開始到健身房運動之後，他聽說教練跟會員們另外成立了一個「壁球社」，因此加入這個社團。在這個社團中，由於彼此志同道合，即便不善交際，也不怕交不到朋友。雖然偶爾會想念已過世的老婆，心裡也不會那麼難受。

住在大阪、今年已六十歲的野間禎紀，參加了一個每週繞著大阪城跑步的社團。個性害羞的他，原本對於加入陌生人的團體，很難突破心理障礙，但是看到社團成員都是一起健身的熟面孔，讓他不再感到恐懼。

東急運動中心（Tokyu Sports Oasis）在日本全國三十四家據點都設有類似的會員社團。這些社團的種類五花八門，像是登山健行或是釣魚、高爾夫之類的戶外運動，都相當熱門。透過社團活動，讓會員們除了健身之外，也能展開聯誼，互相交流。

東急運動中心的成立，最早是由東戶塚的東急運動中心會員大橋秀夫發起，他是個高爾夫球迷，經常在運動中心與會員閒聊和高爾夫球有關的話題，聊著聊著，大家決定找一天舉辦比賽。原本說好一年兩次，結果玩出興致，變成了每個月一次；其他會員們看到了，也開始組織起桌球社，參加市民大賽。大橋秀夫說：「大家都是同好，練習起來特別帶勁。」

這些中年大叔們在退休之後，就算和過去在職場上一起奮鬥的工作夥伴們感情再好，彼此的關係也會慢慢地疏遠，反而是一起運動健身的朋友們，自然而然地形成了新的朋友圈。

當日本進入超高齡化社會之後，充斥在中高齡者心中的孤獨感一直是隱性社會問題。根據日本經濟產業省的一份調查報告指出，日本的健身俱樂部主要會員年紀分布在五十歲到七十歲之間，這群即將面臨退休或已退休的中高齡者，他們面臨了兒女長大離家的空巢期、熟年離婚的孤單，能夠藉由運動健身俱樂部，找到有相同興趣和嗜好的朋友，除了鍛鍊身體之外，無形之中也拓展了原本狹隘的社交圈，並且在精神層面上得到了慰藉。

活到老學到老：終身學習時代來臨

為中老年人而設的熟年大學

提到「老人大學」或是「長青學苑」，很多人腦海裡浮現出來的是一群白髮蒼蒼的老人家坐在教室裡寫書法、畫水彩和油畫之類的畫面，這些教室與其說是學習場所，不如說是交友、打發時間的好地方。但是，當日本社會正朝向少子化、高齡化的方向前進，過去大學只提供給年輕學子的刻板印象，已被一群認真學習的熟年學生們給改變了。

日本針對熟年學生們開設了所謂的「專門大學」，由大學教授或是講師們進行有系統的教學。日本立教大學在二〇〇八年成立了「立教第二舞台學院」（Rikkyo Second Stage College）專門招收五十歲以上的熟年學生。立教大學校長郭洋春說，設立這個學院的宗旨是要提供願意重新走進校園的長者們一個友善的學習環境，希望透過「重新學習」、「再挑戰」以及「異世代共學」，重新定義學習這件事。

今年三月才入學、六十歲的高野雄太，從一家知名化工公司提前退休後，決定重新拾起書本。現在他一個星期上課四天，除此之外，每天還得跟同學一起針對研究主題「自動駕駛技術」做分組討論，像高野雄太這樣的熟年學生人數，預計明年將會超過一百人。

申請入學的學生可從立教大學所提供的四十五項科目中選擇想要學習的內容，在一年的時間內，透過教授們的講解以及同學之間的分組討論，完成學業。只要學分合格，學校就會頒發一份「履修證書」。如果想要在這個科目上繼續深造，還有專攻學科可以選擇。

除了立教大學之外，東京的首都大學也有類似的學院制度。今年首都大學的熟年學院生總共有五十三名年紀從五十歲到八十歲的學生，他們學習的科目從文學、歷史到自然科學、土木工程都有。

不管是立教大學或首都大學，想要進入這些熟年學院的學生，除了要具備高中或是同等學歷資格之外，還要針對計畫學習的科目，提出小論文以及研究報告，最後通過教授們的面試才能取得入學資格。一年的學費大約二十萬到三十萬日圓左右，比一般大學的學費來得便宜許多。不過，由於熟年大學並不被列為日本正式的教育制度，所以沒有學生交通費用的折扣優惠，一年的時間學習結束後，拿到的也只是「履修證書」，而不是「畢業證書」，學校也不會給予任何學位認證。即便如此，許多熟年學生們還是樂此不疲。有些班級的學生平均年齡超過六十歲，該交的報告、該做的研究討論，甚至班上同學一起出遊，他們都積極參與。

今年六十七歲的小原哲郎每天要花四小時以上通車時間上學，還得經常到學校圖書館借閱相關的參考資料。他因為喜歡吃魚也愛做菜，所以研究論文就訂為「江戶時代的鮮魚料理與社會環境整備」，對於這個專題讀出興趣的他，畢業後決定繼續研究。

當人生進入一百年時代，學習、工作以及生活的單一時間軸也被打亂。過去人們從小學開始念書、青年時期進入社會，到了老年退休是習以為常的模式，如今已經漸漸不再適用。尤其是後疫情時代，可能連辦公室都會慢慢消失。去年四月，日本政府發布全國進入緊急事態宣言時，許多上班族突然之間從每天早晚的滿員電車、沉重的職場壓力中被解放出來，因此感到雀躍不已；緊急事態宣言解除當天，Twitter上也出現了不少上班族的悲鳴。過去，日本上班族被灌輸「以公司第一」的觀念，「為公司犧牲奉獻」是他們的工作使命。這也是為什麼有人在疫情爆發初期，寧可吃退燒藥也要抱病去上班的原因。

未來，日本人可望從過去自嘲被時間、電車以及辦公室所綑綁的「社畜」生活中解脫，但是當他們可以成為時間的掌控者之後，如何多重運用時間，做一個真正的「時間管理大師」，就成了新的課題。活到老學到老，將不只是一個口號，而成為一種新的生活型態；中高年者的學習，不再為了謀求溫飽，他們對於知識有著想要一探究竟的熱情。

高齡者的幸福食堂

在日本三千五百萬的高齡人口中，有將近一半的人過著獨居生活。那些獨居老人每天一個人孤孤單單地用餐，被稱為「孤食問題」。老人們因為孤食問題造成三餐不正常，導致營養不良，嚴重的話還會引發憂鬱症，甚至孤獨死。在日本千葉縣的流山市有公民團體為了解決這樣的問題，創立了一間銀髮族食堂，這間食堂與其說是餐廳，還不如說是為老人們打造的交流空間。

走進千葉縣流山市南流山市民中心的廚藝教室，這裡聚集了將近二十名年紀在六十到八十歲之間的志工，一眼看過去，這些志工大都是和藹可親的婆婆媽媽，只有幾位老爺爺穿梭其中，成了紅花當中的綠葉。

負責食譜的志工婆婆漆崎邦子說：「我們這些上了年紀的婆婆媽媽們吃不慣年輕人喜歡的快餐和速食，還是自己買菜、做菜，可以吃得比較安心又合口味。現在有了這個食堂更方便了，可以到超市買一些特別又沒有經常使用的食材，大家一起研究食譜。誰說我們這些上了年紀的人沒有好奇心？」

不同於已經習慣做家事的老太太們，老爺爺們就顯得有點笨手笨腳。林田老爺爺拿著一個不鏽鋼碗努力打蛋，隔壁的佐藤婆婆邊看邊搖頭：「筷子不能這樣拿，要讓它們有點縫隙，這樣打出來的蛋才會好吃。」弄了半天，林田爺爺還是沒把蛋打好，就直接倒進了正在沸騰的湯汁裡。佐藤婆婆笑著搖搖頭，說：「算了，這樣也是可以吃啦！」旁邊幾個婆婆媽媽們也跟著哄堂大笑。

林田爺爺不好意思地說：「雖然有食譜可以照著做，但是我們這些大男人做起來還是很笨拙，看她們手腳靈活，馬上就可以做好，真的很羨慕。早知道做菜這麼難，當年應該好好稱讚我家那口子的。」林田辰夫爺爺今年已經八十九歲，三十年前他的妻子過世之後，沒有孩子的他，一直都是一個人過生活。每天三餐他都是自己隨便弄些吃的，自從加入了銀髮族食堂之後，也激發了他沉睡許久的好奇心。

負責銀髮族食堂的松澤知沙說：「雖然現在一些社會機構對在家安老

的高齡者進行了食物的宅配服務，但是對於許多高齡者來說，一個人吃飯還不如一群人吃飯來得美味。將這些年紀相近的高齡者聚集在一起，讓他們有了聊天說話的對象，不但吃得飽，心靈也多少有了一些寄託。」

松澤知沙原本從事高齡者的婚配工作，但是三年前，她看到很多老人們回到家裡都是一個人吃飯，興起了開家銀髮族食堂的念頭。食堂剛成立的時候，只有四個人響應，她一度以為自己的想法錯了，但是，現在「銀髮族食堂」經常聚集了超過六十位以上的高齡者。身處高齡化社會，「老來伴」將不是唯一的依靠，三五好友聚在一起，也能發揮「銀髮力」，並且把學習當成生活的一部分，樂在其中。

銀髮經濟產物：高齡網紅竄起

根據日本總務省的最新統計，目前日本七十歲以上的人口占了全國總人口數的百分之二十點七，也就是說每五個日本人當中就有一名超過七十歲。這些超高齡人口的出現，讓日本銀髮經濟發展得更加迅速。

YouTube Japan 為了慶祝日本敬老節，特別做了一支向銀髮族致敬的影片「ジジバババイラル」（阿公阿嬤鬥嘴鼓），影片裡的銀髮網紅平均年齡六十一歲，其中年紀最大的是一個七十一歲的阿公。這支影片一上線，一週內的點閱率超過一萬次。

別以為長輩們只會在 Line 上發長輩圖，那可就落伍了。現在的長輩們不僅會用 YouTube、IG，甚至可以在抖音以及 17Live 上跳舞給你看！透過現代科技，他們形成了一個「銀髮網紅圈」，準備在網路上抖動到一百歲！

有個名為「銀髮怪獸」（シニアモンスターズ）的團體，成立的宗旨是

「從表演中去享受帥氣的人生」，加入的唯一條件是必須超過五十五歲，現在已經有超過三十名成員。成員之一的七十一歲阿公 Shige-boh，十年前他發現如果不讓身體動一動，體力會越來越衰退，於是跑去舞蹈教室學跳舞。剛開始是一個星期一次，後來跳出了興趣，變成一個星期三次，最後還被找去拍攝網路廣告，向全世界展現自己的舞技。

另外一個自稱是離天堂最近的偶像團體，成員是五十七歲的 myun 與 yayo，兩人原本是小孩學校裡的媽媽群組成員，從年輕時就很想加入偶像團體，一直到五十一歲的時候，總算如願以償，站上歌唱舞台。現在她們不但在網路上成立了 YouTube 頻道，還開過好幾場線下演唱會，她們演唱的歌曲多半是有濃濃古早味的昭和演歌，仍舊吸引了不少年輕的粉絲們前來追星。

將這些銀髮網紅們集結起來的 Ostdance 社長菊川諒人說：「這些長輩們給年輕後輩最大的禮物，就是不論年紀多大，只要你想做，還是可以過一種更充實的人生。」這家公司最主要的工作就是透過舞蹈與廣大的人群溝通。去年他們與日本最大農產運銷中心 JA 全農合作推出了「米舞」，找了一位六十一歲的立花阿嬤穿著和服跟兩個小美眉一起跳舞，居然引領了一波年輕人吃米飯的熱潮。

這些阿公阿嬤們除了透過專業公司進行影片拍攝之外，有些人還可以從影片拍攝到剪接、上傳，全部一手搞定。今年七十二歲的成羽阿嬤 YouTube 頻道的收視群眾已經有四千多人，拍攝的影片內容也是琳瑯滿目，從電玩開箱、老人化妝，甚至到探討老人年金的議題都有。

三年前，成羽阿嬤一直在照料的八十多歲老父往生之後，忽然之間失去了生活的重心。在偶然的機會裡，她看到年輕人都在玩 YouTube，也躍躍欲試，因而展開了她的網紅人生。起初她連怎麼登錄 YouTube 都不知道，好不容易拍好的影片聲音太小聲，又不會上字幕。但是她邊看影片邊學，現在一則十分鐘影片只要三十分鐘就可以完成，而且連自拍棒都是裝有自動定位馬達的高級貨。成羽阿嬤的粉絲們紛紛在影片留言區說：「跟我家阿嬤好像呦！」、「年紀真的不是問題耶！」

不管處在人生任何階段，讓自己活得開心自在，是最重要的事。下次當你覺得心情沮喪的時候，不妨上網去看看這些積極樂觀的銀髮網紅表演吧！

從鐵粉到主持人

最近 Podcast 節目在臺灣十分盛行，而在日本，這股風潮也在銀髮族之中蔓延開來。

說到聲音內容，有群年紀超過五十五歲的長者可說是最資深的聽眾。他們從年輕的時候，就習慣在收音機前聆聽每個星期放送的金曲排行榜，遇到喜歡的歌曲，還會用卡式錄音帶錄下來。深夜廣播節目的聽眾時間，是處在思春期的他們宣洩情感的管道；此外，他們還會用筆名寄出一封封明信片，期待主持人在節目中唸出明信片內容，或是點播歌曲給暗戀的對象。

現在這群聽眾不僅用手機聽 Podcast，還開始自己製作聲音內容，當一個播客。

今年五十五歲住在大阪的系統工程師中西孝浩，兩年前開始利用網路上一個叫做「Voicy」的 App 收聽聲音廣播。它的收聽方式不像 Podcast 可以串流不同平台，比較像是臺灣人常用的KKBOX，有自己的App，而且內容只有會員才能收聽。

中西孝浩從年輕時就是廣播節目忠實聽眾，對於Voicy接受度很高。他常常戴著耳機，從笑福亭鶴光的節目，一路聽到股市投資分析。每個星期天，他也會用電腦錄製自己的節目，就像和朋友聊天一樣自然，也十分得心應手。

今年八月Voicy發起了一個聽眾與製作團隊共同發想內容的企劃，中西孝浩也參加了這個活動。這次的主題以兒童為對象，希望製作出代替爸爸媽媽朗讀《桃太郎》這類繪本給小朋友聽的內容。企劃團隊的成員大約有三十人，年齡從十幾歲到五十歲都有，中西孝浩每個星期都會跟他們一起聚會討論。對於Podcast做出興趣的中西孝浩，現在最大的願望是能夠做一檔親子對話型節目。

另外一位在大學教德語的佐伯啟老師，今年已經六十三歲了。當他學會用Podcast錄製節目之後，把自己製作的講義錄製成Podcast上傳到網路，一段課程時間大約十二分鐘，學生們可以一邊對照講義，一邊仔細聆聽他的發音。

「錄製成聲音內容，不需要大量的剪接，比 YouTube 方便很多，很適合銀髮族使用。」佐伯老師說。

現在日本每月收聽 Podcast 的活躍用戶大約八百六十萬名，其中超過三成是五十歲以上的族群，除了 Line 這類社交平台之外，聲音內容似乎漸漸成了長輩們的資訊來源。這個不需要花費太多體力的聲音內容產業，也提供了老年人另一個盡情發揮自我的舞台。

助人為快樂之本：「老有所用」的義工

不少上了年紀的長輩們會參加義工活動，或是積極投入公益活動。看到有人因為自己的幫助而獲益，那種快樂往往不是金錢價值所能衡量的。

根據英國倫敦大學學院神經科學家Robb B. Rutledge的研究，我們腦內紋狀體（striatum）中會因為無私付出的行動，帶來一種幸福感與滿足感。尤其是在高齡者身上，這樣的現象更加明顯。今年獲得日本天皇「秋之褒章」的超級義工尾畠春夫，就是一個典型的例子。古道熱腸的他原本在九州別府開一家鮮魚店，參與了各種災害救助工作後，有了「超級義工」的名號，甚至獲得日本天皇頒發「秋之褒章」。尾畠春夫的救災帽上，寫著「絆」以及「清晨總會來臨」，也間接傳達了他的信念。

二〇一八年西日本大豪雨造成一個年僅兩歲的藤本小妹妹失蹤，尾畠春夫搜索不到半個小時就找到她，拯救了一條小生命，讓他一夜之間成了日本社會的名人。別看他救災時一副拚命三郎的模樣，私底下可是一個愛開玩笑的老爺爺，每次到災區，有些災民希望跟他合照，他總會開玩笑地說：「只拍十張的話就可以！」休息的時候，有民眾送上炒麵、飲料之類的，他也會帶著微笑收下，但是絕對不收任何金錢報酬。

尾畠春夫老爺爺出生於一九三九年，那時日本處於積極對外擴張的軍國主義時期。在他十歲的時候，日本社會因為戰敗，百廢待舉，而在那段人生中最壞的時候，三餐只有芋頭和南瓜可吃。

尾畠春夫的爸爸是個木屐職人，也是個運氣不太好的生意人。二戰之後，由於石化工業發達，塑膠鞋子越來越多，穿木屐的人越來越少，使得尾畠春夫從小就在貧窮的環境下長大。在他小學五年級的時候，媽媽過世了，尾畠的爸爸看到木屐沒人買、老婆也不在了，更加自暴自棄，每天泡在酒缸裡來逃離殘酷的現實。

因為家裡沒錢，父親把小學五年級的尾畠春夫送到隔壁村農家當長工，排行第四的他也是七個兄弟中唯一被送去當長工的孩子。此後，他每天的生活就是割草、搬貨這些勞動，更談不上去學校上課這種「奢侈」的事情。那時候的尾畠對於父親非常不諒解，甚至到了討厭、痛恨的地步。「不過，現在回想起來，如果不是那段很早就被送到外面當長工的經驗，或許我到現在還無法體會幫助別人的快樂與滿足感。」他說。

進入青春期的尾畠春夫辭掉了農家長工的工作，到別府的一家鮮魚店當學徒，「這裡的學徒餐居然有魚肉可以吃！」對於在鄉下每天只能吃芋頭和南瓜的尾畠春夫來說，令他激動不已。

在別府當了三年學徒之後，他又來到神戶一家鮮魚店打工，後來成了正式員工。雖然有一份穩定的工作，但是尾畠春夫並不滿足，他想要開一家自己的鮮魚店。想開店卻沒有資金，怎麼辦呢？他跑去找一位同鄉大森幫忙，大森的父親開了一家土木工務店，尾畠春夫對他說：「我有一個理想，能不能讓我到你們家的工務店做三年？」就這樣，尾畠春夫踏入土木工務這一行，這對於他後來的救災工作提供了不少幫助。三年後，尾畠春夫如願回到大分別府開了一間夢想中的鮮魚店「魚春」。在尾畠春夫夫妻的努力經營下，把這家店做得有聲有色。

到了尾畠春夫六十五歲生日那一天，他告訴老婆：「我十五歲的時候有一個想法，如果讓我工作五十年之後，我還有其他的事情想要去做。」

尾畠春夫的妻子告訴他：「想做什麼就去做吧！」

於是，「魚春」在尾畠春夫六十五歲生日那一天正式結束營業。此後，尾畠春夫找到了人生的第二個舞台——「救災義工」，從六十五歲那年開始，他走遍日本各地，從事救災的工作。

在救災過程中，讓他印象最深刻的是三一一東日本大地震，他在南三陸的臨時避難中心看見一千八百人擠在小小的體育館裡，每個人幾乎是肩膀挨著肩膀坐著，卻沒有任何人發出一句怨言，十分動容。

「過去我幾乎每餐飯後都要喝酒，但是看到南三陸的情況，我還邊吃飯邊喝酒，就太不像話了！」看到這幅場景，尾畠春夫下定決心戒酒。過了七年半，直到南三陸災民住的臨時組合屋全都拆掉後，他才解禁，開始喝酒。

八十一歲的尾畠春夫已經十幾年沒用過健保卡，為了維持體力，他每天都會風雨無阻地跑上八公里的路。每次救災結束，回到別府泡溫泉，就是他生活中最大的享受。長期從事義工活動下來，他把過去開鮮魚店累積的積蓄也花得差不多了！但是，現在的他每個月靠著五萬五千日圓的國民年金獨自生活就覺得足夠。

「給人家的恩情，要讓它像水一樣地流去；受到別人的關照，要刻在石頭上不能忘記。」尾畠春夫在《尾畠春夫 魂的生存之道》（尾畠春夫 魂の生き方）書中說道。

尾畠春夫已去世的妻子曾經告訴他：「想做什麼就去做吧！」有人問尾畠春夫還要當義工到什麼時候？他笑著說：「做到做不動為止吧！」對於抱持著一生懸命、活在當下的人生態度的他來說，在救災中找到人生的第二舞台，不但能夠幫助別人，同時也是一種對自我的肯定。

| Chapter 3 |

人生百年時代，
重新開啓第二人生

退休族再就業，引爆熟年力

二〇二〇年，日本企業出現了一波「黑字裁員潮」，有三十五家日本上市上櫃公司在公司內部實施優退方案後，超過六成以上財報呈現了獲利成長。這些成長型企業進行人力精簡的主要目標對象是以四十歲以上的中高年上班族為主，二〇一九年有超過九千人以上被辭退，是二〇一八年的三倍。而企業進行人力精簡，除了強化數位世代的戰鬥力之外，也代表著日本企業從二戰之後一直秉持的「終身雇用制」面臨了嚴峻的考驗。

隨著人工智能發展，許多企業雖然營收增加，但是人力需求不再像過去那麼重要。「黑字裁員潮」在日本製藥業特別明顯，幾家大型的製藥廠像是中外製藥、安斯泰來製藥這幾年的營收都呈現成長狀態，但是這兩家藥廠都在二〇一九年啟動了公司內部的優退專案，二〇二〇年就有將近九百名中高齡員工申請優退。近年來，日本的電器產業也開始進行人事改革，ＮＥＣ

二〇一九年有超過三千名的中高齡幹部離職，此外公司內部也展開了能力敘薪的方案，即便是新進員工，想要拿到千萬年薪，不再是個遙不可及的夢想。根據日本厚生勞動省的資料，日本大企業五十到五十四歲的員工平均月薪約五十一萬日圓，四十五到四十九歲的員工約四十六萬日圓，而二十五到二十九歲的員工只有二十六萬日圓左右。一旦中高年員工優退，相對地，也提高了年輕世代的薪資結構。

找回流失戰鬥力

過去，日本人普遍抱持著必須對企業忠誠的觀念不願意轉換工作之外，加上轉職之後，薪資條件以及福利制度往往比不上原有的公司，使得一些資深員工更不願意輕易轉換跑道。但是隨著「黑字裁員潮」帶來的衝擊，這群中高齡上班族已不能再像過去一樣，安安穩穩地待在同一家公司，直到退休。

根據日本大型人才仲介公司的統計，光是二〇一九年四十歲以上的轉職成功案例就比過去高出了三成以上。包括日本最大的Recruit在內的三大人才仲介公司，二〇一八年協助四十歲以上成功轉職的人數為九千四百人，二〇一九年的人數則是突破一萬人以上，是二〇一三年的三倍以上。從大企業釋放出來的中年勞動力，讓日本的雇用關係產生了變化。

那些從大企業退下來的中高齡上班族，雖然到了屆齡退休的年紀，但是他們長年從事業務、財務或是人資的工作，擁有豐富的工作經驗，身體狀況還相當硬朗，如果只為了遵循勞動制度而退休，無論對於企業或是個人來說，其實都是一種損失。由於他們具備了中小企業最缺乏的「即戰力」，因此許多中小企業紛紛開出派遣職缺，希望能夠招募到這群專業人士回流。這些人才大部分都流進了新創企業、專門技術工廠或是地方創生產業，這些產業對於即戰力的需求遠高過其他企業，但是又不像其他企業有能力高薪挖角專業經理人或是職人。

這些重新回到就業市場的勞動力，被賦予了一個新的名稱叫做「熟年力」。擁有熟年力的上班族往往有幾個共同特點：過去在某個工作領域至少有十年以上的經驗，對於網路世界充滿好奇心且願意嘗試新事物，喜歡閱讀進修，以及與人來往。對他們來說，工作不只是為了生活，從某個角度來看，也是在為人生下半場做一個美好的收尾。由於他們已經過了為爭取權力你爭我奪的人生階段，可以更宏觀的角度看待工作，並且貢獻自己過去在漫長工作歲月中所累積的經驗。

熟年力也幫日本社會解決了另外一個難題，那就是老人安養和長照問題。許多退休一族投入老人安養互助系統，由於年紀相近，在溝通上比較沒有障礙。此外，機器人技術的發達，解決了年長者體力勞動限制的難題，讓這股力量能夠發揮到最大。

高齡社員的工作更彈性

在實施「エルダー（elder）社員」制度[4]的企業裡，會將高齡社員與剛

4 エルダー（elder）：指年長者、前輩。

踏入社會的年輕新人編制為一組，由他們提供新人專業技能的指導和經驗傳承。與既有體制不同，他們可以自由選擇上下班時間，有的人一週只上幾天班，或是短時間出勤。

雖然這群再就業的專業上班族薪資大都以時薪計算，但是平均時薪比普通的派遣員工來得高；一般派遣員工的平均時薪大約是一千兩百日圓，具有專才的派遣人員時薪大約落在三千到六千日圓不等，甚至有人時薪高達一萬日圓。其中，具備法務、財務專才以及工地現場監工管理的技術人員最吃香。

曾經在伊藤忠商社工作的本田雅也，今年六十六歲。六年前他從公司退休之後，在一家貿易公司幫忙審查契約內容以及協助業務開發，一個星期上班三天，一年下來薪水也有兩、三百萬日圓，雖然收入沒有過去在公司上班時高，但對於生活來說不無小補。

根據調查顯示，日本人口比例最多的團塊世代（一九四七到一九四九年出生）雖然大量退休，但是這群「資深高年級生」有三成以上表示自己還可以繼續工作到七十歲以上，甚至有兩成已經退休的受訪者表示，一點都不喜歡退休後無所事事的生活。另外有兩成到達法定退休年齡的受訪者表示，他們積極重新投入職場的原因，是因為銀行裡的存款不到一百萬日圓。大部分日本人的存款集中在五百萬日圓到一千萬日圓之間，但是依照日本的生活水準估算，一對退休夫妻每個月的平均支出需要二十六點八萬日圓，日本國民年金一個月大約只可領到二十二點八萬日圓。所以，以日本人平均壽命換算下來，這對夫妻退休後至少要準備一千一百萬日圓才能夠無憂無慮地度過老後的生活。

日本知名人才派遣公司 Pasona 在今年櫻花盛開的三月底舉辦了一場新入社員儀式，參加這場入社儀式的「新」社員共八十人，特別的是，他們平均年齡超過六十歲，其中年齡最大的員工已經七十歲了。

中高年級生再就業在日本社會裡已成為習以為常的事，不管是在車站、超市、百貨商場……到處都可見到六十歲以上的老人們努力工作的身影。當人生一百年時代來臨，身為職場中高年級生才發現，如果能夠在年輕時積極培養自己的工作實力，或是擁有第二專長，或許才是生存之道。

中高年創業，是危機還是轉機？

在新冠疫情爆發之前，原本打算撐到公司營收轉黑字再退休的中年上班族們，心想若不趁著這波優退方案拿到一筆退休金，接下來情況會不會變得更糟糕呢？搞不好最後連退休金都拿不到？

只是這群四、五十歲的中年大叔們從學校畢業之後，就一直在大公司裡工作，優退之後要做什麼？往後，他們的人生還有很長的時間要過，該如何謀生？到底要不要創業？如果沒想清楚就貿然行動的話，這場人生賭注的風險似乎太高了。

新冠疫情爆發後，過去日本上班族認為可以安心做到退休的大企業，也被疫情打得落花流水。曾經是「花形企業」的航空公司：全日空以及日本航空，二〇二〇年公布了營業額超過兩千到五千億日圓以上的赤字。根據日本商工調查的統計資料，光是日本上市上櫃公司，今年提出優退的人數就超過一萬人以上。

在一九八〇年代，日本曾吹起「脫離上班族」風潮，許多人受不了日本經濟高度成長之後，在公司沒日沒夜地加班工作的社畜生活而走上創業之路。即便當時許多專家對想脫離公司自行創業的上班族提出警告，不要輕易地踏進餐飲這一行，還是有不少人搶著租下店面，開起拉麵店、燒鳥店或是蕎麥麵店。有人因為投入餐飲業致富，但只是少數成功的例子；許多人花光了積蓄，鎩羽而歸。

第一波上班族創業風潮，在認清了夢想與現實的差距之後，想要創業的雄心大志也漸漸地冷卻下來。但是這次疫情引發了中年大叔們另一股獨立創業潮。不同的是，之前脫離企業組織出來獨立創業的上班族，心中大都抱持著夢想，而這群創業大叔們，很多是因為公司經營不善、宣布倒閉而失業，或是公司為了縮減人事開銷被裁員，走上創業之路。他們身上不再有可以提供生活保障的公司名片，一旦下定決心創業，至少必須做好三年內沒有收入的心理準備。

根據日本勞動政策研究研修機構調查，從上班族轉換成自營業之後，超過六成的人平均年收入不到兩百萬日圓，而且有超過三成以上的人，每個月工作天數不到七天。雖然當中有七成的人覺得更能夠發揮所長，並且在工作中找到成就感，但是有超過五成的人卻認為自己付出的精力與收入不成比例。這些從事自營業的人口當中，五十歲以上的中年大叔超過了百分之五十四點八，以業務、銷售工作居多，但是他們的年收入也最少，平均大約三百萬日圓左右。

日本最近有一系列老花眼鏡的電視廣告，分別找了渡邊謙、菊川怜、武井咲等一線明星演出。這支廣告並沒有什麼花稍的動畫或是別出心裁的情節，甚至還夾帶了一些昭和大叔的冷笑話，但是從議題發酵到實際銷售業績來看，卻意外地在競爭激烈的市場上殺出了一條血路。

這家老花眼鏡的製造商原本只是一家專門生產醫療器械的百年企業，當時開發這款老花眼鏡也只是巧合，並沒有花太多心力做行銷。二〇一三年，一家由家電和量販店退休業務們組成的行銷公司，提出了要為這款Hazuki

的老花眼鏡進行銷售推廣的企劃，結果在短短五年間，讓這款老花眼鏡成了該公司的熱賣商品。

為什麼一個簡單的老花眼鏡廣告，可以異軍突起？原因在於背後有支銀髮銷售軍團，他們到底是何方神聖呢？

這間位於日本埼玉縣的公司在二〇一一年成立，成員大約一百五十人，平均年齡六十四歲，他們從日本的家電廠或是量販店退休之後，發現自己的身體仍然硬朗卻每天無所事事感到失落，於是，組成了一家稱為「生活大師」（ライフマスター）的公司，希望透過長年累積下來的人脈以及專業，延伸自己的職業生涯。

「退休前，早就感受到家電製造商還有量販店的工作環境，對於我們這群中高齡員工很不友善，剛好遇到三一一地震，更深刻體驗到這時候退休是不是太早了呢？」今年七十四歲的「生活大師」會長布袋田晉回憶成立公司的原因時說道。

「有一天，一家電器量販店的董事跟我聊到，他們引進了掃地機器人卻沒有業務員會賣，這讓我更確信，是該把我們這群屆齡退休的老骨頭們重新整合起來的時候了。」而他們第一項接受委託的業務就是推廣掃地機器人。這些過去在業界的頂級業務，不但熟悉廠商，對於賣場的喜好也瞭若指掌。他們就像是身經百戰的戰士般，征戰日本各地賣場，身上所累積的專業知識以及銷售經驗，不是剛入行的年輕小夥子可以匹敵的。

當他們的身影在賣場穿梭的時候，發現很多跟自己同樣年紀的消費者，選購好商品，在櫃檯填資料的時候，常常得翻遍全身上下和背包，才能找到老花眼鏡。為了解決這個問題，他們主動找上 Hazuki，希望幫助他們推廣老花眼鏡這個冷門業務。

起初，他們把三種不同度數的老花眼鏡放在家電量販店的結帳櫃檯，當顧客結帳填寫資料的時候，就直接把櫃檯邊的老花眼鏡送到顧客前面。這個貼心小動作，沒有親身經歷的業務是無法想像的，而 Hazuki 的知名度就這樣逐漸累積起來。

布袋田晉說：「我們五個退休的老頭子創立公司時，從來沒有想過現在會有一百五十名員工，每年的營收還能超過十二億日圓。我們的員工年齡上限是八十歲，他們從退休之後到公司做到八十歲應該可以存到兩千萬日圓，把這些錢拿來舉辦自己的葬禮也足夠了。」

在日本社會一片經濟不景氣下，許多大型企業選擇了將業務外包，不但可以降低人事管理的成本，也讓過去依附在企業內部的行銷、營業單位，有了更多揮灑創意的空間。而對於像「生活大師」這些從大企業退休的大叔們來說，因為加入新創行列，他們過去累積了數十年的經驗不會因為退休而消失，可說是兩全其美的做法。

半路出家的主婦，釀出最強葡萄酒

東京都台東區的御徒町車站附近，有一間十坪不到的葡萄酒釀造所「Book Road 葡藏人」。這間釀造所的老闆須合美智子，四年前還只是一個葡萄酒素人，如今卻已是獲得日本國產紅酒的最高獎項「日本酒窖三星賞」的釀酒師。

須合美智子高中畢業後，進入地方合作社工作；二十三歲時辭去工作結婚，成為專職主婦。婚後她偶爾會到餐廳打工來貼補家用，但主要生活重心還是照顧家裡的兩個孩子，一心只想當個好母親。好不容易，她將兩個孩子拉拔長大，四十五歲那年，她聽打工餐廳的老闆聊到想要開一間都市型釀酒所，好像很有趣，因而興起了創業的念頭。

她心想：反正孩子都長大了，不如去學釀酒，將來經營一家屬於自己的釀酒所。因此，須合在日本最大的葡萄產地山梨縣，找到一家葡萄酒窖上課學釀酒，並且取得了釀酒執照。

但是，有了釀酒資格，才是真正挑戰的開始。首先，她得找到種植葡萄的農家提供釀酒原料，並且規劃釀好的葡萄酒在哪些通路販賣。

二〇一七年，「葡藏人」開業，一年約生產一萬三千瓶葡萄酒。每次有新的商品出來，須合都會找員工一起品嘗，請他們試喝之後發表感想，再請設計師將最適合搭配美酒的食物設計成酒標。許多葡萄酒入門者，包括她在內，很難理解那些艱澀的專業名詞，因此把適合搭配的食物畫成酒標，更能一目了然。這種站在外行人的角度思考、與消費者對話的做法，在社群媒體之間引起了口耳相傳的宣傳效應。

須合美智子的兒子圭吾大學畢業後就到外地工作。回想四年前媽媽突然說要開一間葡萄釀造所時，他的第一個反應是：「不是在開玩笑吧！明明只喝個幾次葡萄酒，就想要蓋一間釀造所，想到這件事就頭皮發麻。」

須合美智子從小就教導孩子：想做什麼就去做，不要有任何遺憾。因此，圭吾雖然擔心媽媽工作太過操勞，偶爾還是會用 Line 關心一下。

對須合美智子來說，釀酒工作的確非常消耗體力。每天早上她要開著貨車，和助手一起到農家搬運採收好的葡萄，一次大約進兩噸左右的葡萄原料。接著，還要進行釀造作業，從發酵到最後熟成裝瓶，她都是親力親為。「葡藏人」一年可以生產一萬三千瓶葡萄酒，但是整個酒窖的員工不到六個人，難怪圭吾會擔心媽媽的身體受不了。

「葡藏人」每月舉辦兩次試飲會，對美智子來說，這是把葡萄酒推廣出去的大好機會，而且還能從顧客的回饋意見中獲得改進的方向。在試飲會現場，一杯紅酒搭配一盤下酒的起司火腿才六百日圓，吸引了不少假日到御徒町逛街的路人，久而久之，大家都知道有這家葡萄酒釀造所存在，四年下來，更培養了不少死忠的客戶。

須合美智子一開始把釀酒所取名「葡藏人」，就是希望把「葡萄」、「酒藏」以及「人」連接在一起，她相信只要將這三個元素相互連結，就能成功。她回憶自己剛到山梨縣的酒窖學習釀酒時，有位師傅問她為什麼要來學釀酒？她回答：「因為我覺得搖晃著酒杯喝紅酒的樣子好優雅。」結果眾人聽了都哈哈大笑。

「我現在終於知道他們為什麼笑了，因為釀酒每天都是體力活，所以周圍的人才會說我是個憨人吧。」

須合美智子會在四十五歲時投入一個完全未知的產業，只有一個理由：不想把年齡當作藉口，也不想聽到其他人說：「因為年紀大了，所以這個不能做、那個不能做。」就像她常鼓勵兒子說的話：「想做的事情就去做吧！」她也身體力行著。

疫情中的斜槓工作術

二〇一七年，前日本首相安倍晉三帶領的日本政府提出「人生百年時代」計畫，除了有計畫地延長日本人民的退休年齡，從原本的六十歲到六十五歲之外，也鼓勵大家發展第二人生的生涯計畫。從中央到地方，從制度到宣傳面，提倡中年人要充實自己的觀念，並且要求企業放寬兼職副業限制，同時開辦許多地方大學的講座。

目前在日本，許多中年上班族紛紛加入「Parallel Career」（過去翻譯成「副業」，最近有個更貼近的名詞叫做「斜槓」）的行列，除了公司福利一年不如一年之外，許多企業開始縮短工時，無形之中也把過去被超時工作壓榨的員工們從社畜般的生活中給解放出來！

防疫兼發展副業

根據日本慶應大學經濟學教授大久保敏弘與NIRA綜合研究開發機構所做的調查，二〇一九年在新冠疫情肆虐之前，日本上班族除了本業之外，另外從事其他兼職工作者有兩百二十二萬人，其中超過四分之三的人，本業年收入低於三百九十九萬日圓。雖然日本從二〇一八年開始推動勞動改革，公司員工在本業之外兼職副業早已經納入容許範圍，但實際上，除了極少數大企業外，大部分的日本企業還是不鼓勵，甚至表明不接受員工有其他副業或兼差。不過，這項職場潛規則最近隨著新冠疫情改變了，由於上班族開始居家工作，兼差也成了日本上班族可以做，但是不好明說的秘密。

森田洋生的本業是東京一家IT公司的系統工程師。去年年中公司為了防疫，要求員工們在家工作，森田乾脆搬回鹿兒島的老家，平常透過視訊與公司同事保持聯繫。此外他也利用工作閒暇之餘，在樂天市場開了一家專賣鹿兒島雜貨工藝品的小店。

「當時的想法是，居家工作節省了去公司上班的通勤時間，乾脆把多出來的幾小時拿來賣些鹿兒島的工藝品。而且在電商平台開店，需要投資的成本並不高，主要的問題還是在於選擇哪些商品販售。」

森田洋生選物的原則有三個：體積小、輕、不容易損壞，像是鹿兒島的切割玻璃杯「江戶硝子」雖然非常有名，卻不在森田採購的清單之中。另外，有尺寸問題的商品，像是戒指、鞋子，也不納入考量。皮夾、鑰匙圈、T 恤或是其他沒有保存期限的商品，才是森田選物的重點。由於是副業，他覺得還是要考慮到時間成本，如果花太多時間在上面，那就本末倒置了。

新冠疫情蔓延，新興行業應運而生

日本人是個喜歡喝酒的民族，上班族喝酒應酬更是例行公事。那些習慣下班之後去居酒屋喝一杯再回家的上班族，在家工作期間，偶爾也會來個視訊飲酒會。不過由於是在線上舉行，一個能夠維持視訊發言順序的主持人就非常重要了。

日本一家專門提供線上視訊教學的公司 WLP（World Life Partners），最近推出了視訊飲酒會主持人的訓練服務。WLP 社長石田二郎說：「這個課程原本是為了訓練婚友聯誼活動的主持人，但是最近培訓出來的學員，幾乎都轉去當線上飲酒會的主持人了。」住在新潟縣的諸橋千佳子，去年年底從 WLP 結業之後，現在每個星期要主持兩場的飲酒會，從晚上八點到九點，一個小時的主持費用大約三千日圓左右；倘若參加人數增加，主持費也會機動調整，每個月下來，至少有三萬日圓以上的收入。

想要當一個稱職的視訊飲酒會主持人，其實不需要太高超的說話技巧，最主要還是要懂得控場，同時還要當一個專心的傾聽者，能夠在雙方說話的空檔適時地接話，引導下一位發言者，如何在有秩序的情況下維持輕鬆歡樂的氣氛，也考驗了主持人的功力。

石田二郎社長說：「最近 Clubhouse 在日本爆紅，報名線上主持課程的人也大幅增加。」透過這項訓練，有更多的日本上班族們可以找到另一個經營副業的工作模式，進而增加被動收入。

疫情衝擊下的求生之道

瀕臨破產的五金業一躍成為超級電商

新冠疫情在日本紛紛擾擾了一年多的時間，對於日本人的生活帶來了不少的變化。當日本政府要求民眾們「自肅」，盡量待在家裡的時候，有些日本人也開始發揮創意，在家裡進行大改造。

根據日本DIY Home Center協會發表的一份針對全國三十三家會員的統計資料，今年八月它們的總業績比去年同期成長了百分之一百一十三點六，達到兩千六百一十二億兩千五百萬日圓。這當中有一家原本專門販售五金工具給大賣場的盤商，因為提早轉型成為電商，在這一波疫情中也呈現逆勢成長，那就是位在大阪的電商「大都」。

大都在一九三七年創立的時候叫做「大都金物有限公司」，主要的業務是五金工具的經銷。現任社長山田岳人二十七歲的時候，為了娶大都金物老闆的女兒，放棄原本在東京的高薪工作，繼承了這家老牌企業。

當他一九九六年入社之後，發現日本五金工具盤商的利潤不高，但是要小心留意、面面俱到的事情卻不少，不僅要跟生產工具的工廠保持良好關係，還得面臨賣場猛砍進貨價格的壓力。他最常聽到賣場採購說：「你最好再便宜個一、兩元，要不然我找別家買。」好像夾心餅乾一樣，被夾在賣場和工廠之間，完全沒有轉圜的餘地。而且跟賣場做生意，還得接受三個月的票期；也就是說，這三個月內將貨品存放在賣場的成本風險，全都由大都承擔。

當時他很想改變這個現狀，但是卻苦無對策。直到二〇〇〇年他參加一場同學會，有個同學告訴他：「現在流行把商品放到網路上賣，未來甚至連店面都可以不要。」這讓山田岳人靈機一動，如果想要擺脫眼前的困境，轉型成為電商，或許是值得一試的方法。

二〇〇二年大都的網路商城正式開張，為了讓「店面」看起來更豐富，山田岳人讓公司同事每天上架各種不同商品。有一天，同事忍不住向他抱怨：「我們每天只要有商品就上架，快要搞不清楚到底是家什麼樣的公司了！」這句話猶如當頭棒喝，一棒打醒了山田岳人！

如果一家公司沒有自己的核心價值，什麼東西都賣，確實是件奇怪的事。山田岳人仔細想了一下，既然過去公司販賣的大都是五金工具，那就以DIY為核心，將業務專注於DIY周邊商品。但是事情並沒有他想像得那麼容易，首先，過去被捧在手掌心的工廠跟賣場聯合跳出來說：「你一個盤商去搞電商零售，這是打破傳統、沒有規矩的事，別想要我們出貨給你！」

日本人過去沒有自己動手敲敲打打的文化，想要把DIY轉化成生活的一部分，可說困難重重。但是，山田岳人還是堅持必須這麼做，他告訴岳父：「如果繼續做盤商，我們公司早晚會垮掉！」

山田岳人的岳父聽了之後，只淡淡說了一句：「你想要做什麼就去做！」並且在二〇一一年把社長的位子交給了山田岳人，他也下定決心把盤商的部門全部裁撤，專心經營電商的生意。

大都轉型成為網路電商的過程並非一帆風順，由於這個行業入門的門檻不高，競爭廠商也不斷增加。為了拉大與競爭者之間的距離，山田岳人開始推出各種適合初學者的套裝商品，像是折疊式桌椅、牆壁上的掛具等等，商品品項也從原本的一萬八千種，增加到十萬種以上。二〇一四年，他在大阪、二子玉川等年輕家庭聚集的城市開設了ＤＩＹ教室，直接把線上會員吸引到實體世界，由公司職員手把手地示範如何使用這些五金工具，教導顧客動手做出符合需求的用品，打造出自己獨一無二的家。去年新冠疫情爆發之後，大都也快速轉變經營策略，採用視訊教學，獲得了不錯的銷售成績。

大都從一家五金工具盤商，成功轉型為專門提供ＤＩＹ家具解決方案的電商，去年的營業額高達四十二億日圓；因為疫情帶動的居家風潮，預計今年也將會有更亮眼的成績。

在疫情中異軍突起的炸雞店、百元商店

在二〇二〇到二〇二一年疫情期間，菅義偉內閣為了防疫，連續在關東和關西地區發布了幾次「緊急事態宣言」。衝擊最大的莫過於餐飲業和路邊零售店，像是政府要求業者晚上八點必須熄燈，販賣酒精的店家強制停業等。雖然日本政府對於這些受到影響的餐飲業，提供每月十到二十萬日圓不等的補助，但是當消費者不再「習慣」進店用餐的時候，餐飲業不得不重新調整戰略，甚至連米其林三星級的牛排館，都可以接受UberEats到店取貨。

那些下班後沒餐廳可以吃飯的上班族，成了「夕食難民」。這時，唐揚炸雞這種好吃又方便外帶的餐點，就成了上班族的最愛。短時間內，唐揚炸雞成了日本最潮的餐點。

開一家唐揚炸雞店，所需店面空間不大，成本回收速度快，只要選對地點，一間十坪不到的店面，每月業績達到五百萬日圓並不是一件難事。比起

串燒烤鳥，唐揚炸雞的調理難度不高，只要把握好油溫及油炸時間，即便是素人也能很快上手。日本串燒界就有句順口溜「串肉學三年，燒烤一輩子」，可見唐揚炸雞在調理上比較不需功夫。

在新冠疫情波及下，雲雀、和民等大型餐飲集團雖然去年總營收出現下滑，但外帶的唐揚炸雞卻逆勢成長。雲雀集團因此宣布在四月底讓「愛唐揚」炸雞店中店，進駐日本全國一千三百家 Gasuto 家庭餐廳。集團董事長暨社長谷真說：「過去到 Gasuto 餐廳用餐的女性比例高於男性，但是增設了愛唐揚的店中店之後，男性顧客的人數明顯增加。」而且在既有的家庭餐廳開設店中店，不但可以解決營業時間被迫縮短、業績縮水的問題，也不必另外添購其他設備，算是一舉兩得。

只是，一旦疫情慢慢受到控制，日本政府對於餐飲業防疫的規範勢必逐漸鬆綁，人們重新回到過去夜晚的生活型態後，唐揚炸雞是否還能保持現有的優勢，或者上演珍珠奶茶的倒店潮，仍是未知數。

有一種零售業，在疫情中業績反而逆勢成長，那就是專門提供物美價廉、品項多樣商品的「百元商店」。「百元商店」從一九八〇年代興起之後，一直是日本民眾的好朋友，尤其一九九〇年代後期，包括大創在內的大型百元連鎖商店林立，也不斷擴大它們的影響力。

根據帝國數據銀行最新公布的資料，日本前五大的百元連鎖店，二〇二〇年度保持連續十一年營收黑字，總營收近九千億日圓，光是日本國內門市就超過八千家。

提到百元商店，就不能不提龍頭老大「大創產業」，這家創立於日本廣島的百元連鎖店，其門市數及市占率，占了日本百元店四成以上。大創產業的創辦人也是現任會長矢野博丈，一九七二年在廣島創立了「矢野商店」。雖說是商店，實際上就是把從大阪批發來的日用品，放在一輛兩噸半的卡車上，四處擺攤的流動攤販而已。

這不是矢野博丈第一次創業，之前他曾開過養殖場，因為經驗不足，魚池裡的魚全都死光了。於是矢野博丈帶著一家人來到東京做粗工賺取生活費，但喜歡做生意的他，還是想要開店。

有一天，當他準備把車上的貨物卸下來擺攤時，在一旁等著買東西的客人已經迫不及待地挑起貨來。「老闆，這個賣多少錢啊？」那時矢野博丈一邊要整理商品，一邊又要做生意，常常忙不過來。

那些等得不耐煩的客人會說：「老闆，這個乾脆算一百元可以吧？」

矢野博丈隨口回答：「好喔！」

後來，矢野博丈發現每件商品售價一百日圓，不但方便整理帳本，進貨也有一套標準，可說一舉兩得。從此「矢野商店」的所有商品都只要一百日圓的消息就這麼不脛而走。

日本早在一九六〇年代就有百元商店出現，不過當時日本人認為「便宜沒好貨」，總覺得一百日圓的商品一定是哪裡有問題。矢野博丈為了改變這樣的形象，把每樣商品的進貨成本調高到七十到八十日圓，由於品質穩定，透過用戶口耳相傳，獲得了不少消費者的支持。

矢野博丈在一九九五年接受媒體採訪時曾經透露，別家百元商店一次下單頂多三千個單位，大創一個單位至少要下二十萬到三十萬個，甚至更多。不僅如此，大創當時都是採用現金買賣，所以比其他的百元商店更有競爭力。此外，大創的商品幾乎都在日本企劃，交由臺灣、中國以及東南亞的工廠製作，可以有效地控制成本。

不過，隨著日圓貶值，中國和東南亞的人力成本增加，百元商店的利潤越來越薄，於是開始出現「THREEPPY」、「CouCou」、「Plus Heart」這些定價在三百日圓至一千日圓之間的生活用品。這樣的做法對於「百元均一」的策略是兩刃劍，許多喜歡百元均一的客人，發現店裡出現兩百日圓、五百日圓甚至一千日圓的標籤後，購買意願因而降低。

在新冠疫情持續衝擊之下，日圓持續走貶，究竟大創百元商店薄利多銷的成功模式可否複製下去？是值得觀察的現象。

善用網路行銷的便當達人

就在全球餐飲業因為新型冠狀病毒蔓延紛紛倒閉、歇業的時候，東京有一家便當店，不但沒有受到疫情影響，也不透過任何外送平台協助，業績依舊逆向成長，光是一個月的獲利就突破一千萬日圓。這家便當店，每天可以湧進超過五百名以上的人流，店主伊藤慶也因為生意興隆，搬進了東京都心的豪宅。

伊藤慶十年前從老爸手中接下了這家二十四小時營業的便當店「キッチン DIVE」（DIVE 廚房）之後，推出了「超便宜便當」、「超巨大配料豐富飯糰」、「一公斤丼飯」，並且透過 YouTube 直播以及 Twitter 帳號派送免費的便當兌換券，炒熱了話題，使得許多人不遠千里，跑到 DIVE 廚房的所在地龜戶，只為了買個便當、看看熱鬧。

或許有些人覺得伊藤慶的成功只是搭上了網紅熱，但伊藤慶其實是個懂得活用網路工具、虛實整合的行銷高手。

剛開業的時候，他看到大家都開設了 Twitter 帳號，也跟風開了一個。既然開了帳號，就要想辦法提升追蹤人數。他當時想到每天貼一張便當照好了！因為這些商品太過奇葩，使得追蹤人數不斷增加，許多人都對於伊藤慶販售的便當感到好奇，看到有趣的便當照，還會分享給其他人。

很快地，伊藤慶的Twitter帳號追蹤人數從兩年前的一萬兩千人，增加到五萬六千人。現在大概每一千名的追蹤粉絲就有兩百五十名看了貼文之後，會直接跑來店裡買便當。

後來，伊藤慶開設了YouTube頻道，在便當店架起攝影機直播，對他來說，這樣做不但有娛樂效果，也可以取代保全攝影機的功能。但是，伊藤慶的YouTube頻道才開播沒多久，就有網民上網攻擊他侵犯了個人隱私。他請教律師後得到的回答是，如果在店裡張貼明顯的告示，就不會有侵權問題。伊藤慶與網民們在網路上打起筆仗，砲火隆隆，反而意外地吸引更多圍觀的路人。如今DIVE廚房的YouTube頻道影片每月瀏覽次數超過一百萬次以上，如果再加上廣告回饋收益，每個月就能夠有二十萬到三十萬日圓的進帳。

伊藤慶認為DIVE廚房可以獲利的原因，除了社群媒體增加消費者的品牌認知度之外，透過業外收入降低固定成本也是重要因素。他經營的這家店，一個月的房租大約三十萬日圓，如果業績只有三百萬日圓，房租比例就占了百分之十；但是如果業績衝到一千萬日圓，房租的成本就只剩下百分之三。其他固定成本像是便當的食材成本大約百分之五十，固定的人事成本則比較難改變，倘若少了這筆業外收入，很難把便當的售價壓低。

現在，伊藤慶依舊持續透過社群媒體宣傳 DIVE 廚房的便當。不過，由於便當生產線沒辦法支援外送平台，所以想要吃到便當的粉絲們，也只能專程到龜戶購買了。

在人生轉彎處，看見不一樣的風景

善用老人力，解除滅絕危機

日本高知縣西部有個不起眼的小漁村矢井賀，人口只有兩百二十八人，當中約六成居民都是六十五歲以上的老人。但是，這個原本死氣沉沉的漁村，因為一個單身中年女子的出現，有了新的轉機。

住在東京的井川愛，今年四十二歲，從小由阿嬤帶大，出社會之後，她擔任過ＯＬ以及婚禮主持人等工作。

三十八歲那一年，她因身體過勞而病倒了。療養期間，她反覆思考沉澱這些年來的生活，下定決心離開步調繁忙的東京。二〇一六年秋天，她帶著自己的愛貓Orca搬到了矢井賀這個安靜的小漁港。

井川愛會想到搬到高知，跟她所養的貓Orca有關係。有一天Orca被檢查出患有糖尿病，醫生告訴井川愛必須調整 Orca 的飲食，但是 Orca 在生病之前吃的都是高卡路里的飼料，對於井川愛準備的健康食物一點都提不起食慾來，最後甚至因此造成血糖過低，差點送掉了小命。經過這件事之後，井川愛決定自己製作 Orca 愛吃的健康小點心。

高知矢井賀這裡有美麗的大海，她所嚮往的優閒自在生活，還可以買到便宜的鮮魚給 Orca 吃。以往有些捕獲之後因為損傷或是魚腥味過重而被市場退貨的鮮魚，漁夫都會從船艙中清出來後丟掉。當井川愛告訴這些漁夫們，她要買下這些被當成垃圾丟棄的魚貨時，許多漁夫都半信半疑。

井川從漁港買回這些魚貨後回家加工，從切塊、烘烤到包裝，每包大約十公克的貓咪天然零食「烤鮮魚」就這樣完成了。Orca 當然是這些烤鮮魚究竟能不能過關的最佳品管，經過反覆的測試，總算調整到了 Orca 可以接受的口味。接著井川愛嘗試著透過網路販售這些天然貓食，沒想到意外地獲得不錯的回響。這時候她才發現自己一個人根本忙不過來，那些漁村裡的阿嬤就成了最好的幫手。以後，只要確定漁船準備進港，她就會打電話給阿嬤們，問她們有沒有空過來幫忙。

井川愛的地方新創事業 Yaika Factory 就在這群從七十四歲到八十五歲的阿嬤們支持下誕生了。

但是，公司剛成立的時候並不順利，許多鄰居都覺得井川愛想把矢井賀變成另一個貓島，對她沒什麼好臉色，井川愛只好挨家挨戶地逐一溝通說明。

在井川愛的計畫裡，透過向漁民們購買準備丟棄的魚貨，不僅可以增加漁夫們的收入，善用漁村閒置的人力製作烤鮮魚零食，讓年紀大的老人家們有個一邊工作一邊聊天，並且賺點零用錢的管道，可說一舉兩得。而在銷售通路上，井川愛也花了一些巧思，她在網路上集單之後，固定出貨給幾間簽約的貓咖啡中途之家，請消費者到指定的地點取貨。目的是讓愛貓族能夠跟貓咖啡中途之家有更緊密的互動。

在她鍥而不捨的奔走下，總算讓矢井賀的當地居民們知道，這個「漁港的貓與阿嬤計畫」對於整個漁村的未來發展是大有幫助的。現在 Yaika

Factory 的烤鮮魚販售所得，都會捐出一定比例給貓咪中途之家等組織。井川愛的這項計畫不但活化了當地的勞動力以及地方經濟，同時也替保護貓咪不被人們無情地撲殺，提供了一筆長期支援的經費，形成正向的循環。

從門外漢到老闆，單親媽媽的「水產維新」

坪內知佳出生在一個經濟富裕的家庭，爸爸在福井縣開公司做海外貿易。一心想要當空姐的她，高中的時候就被父母送去澳洲留學，希望能夠達成當空姐的夢想。但是，二十一歲的時候她遇到了先生還懷了孕，不得不休學，放棄空姐的夢想，跟著先生回到他在山口縣萩市的老家。

山口縣是日本首相的「產地」，日本近代的維新政府幾乎都是依靠來自山口縣的長州藩士們所建立。別看萩市只是個小小的漁港，這裡可是山口縣知名的漁獲批發站。

坪內知佳搬到萩市沒多久，因為跟先生個性不合而離婚。為了照顧不到三歲的孩子，她跑去觀光協會找了一份兼職翻譯的工作，經常參加由市公所舉辦的各種研討會，或是到觀光旅館充當翻譯。

有一天，一個漁夫跑來找她，說：「我們這幾年的漁獲量很差，賺不到什麼錢，所以年輕人都不喜歡這樣的工作。妳比我們多念過很多書，要不要來當我們的顧問，幫忙想想辦法？」

過沒幾天，這個漁夫約了坪內知佳在村子裡的咖啡廳見面。當她走進咖啡廳，看到除了這名叫做長岡的老漁夫之外，旁邊還坐著兩個漁夫模樣的中年人。

長岡看到她二話不說，立刻掏出了三萬日圓的鈔票，說：「這是我們這個月的顧問費，妳務必要來幫忙！」

坪內知佳當場愣在那裡，「一個月三萬日圓的顧問費？這是什麼行情啊？」的確，三萬日圓在日本還真的不太能夠拿出手。不過，她心念一轉，覺得這群漁夫很有趣，就在半推半就之下，接下了這份工作。

很快地，她就發現事情沒有那麼簡單。在日本的漁業系統中，從漁夫、漁港、批發到銷售，每個流程不僅環環相扣且盤根錯節，而漁夫是最辛苦也最沒有利潤的一環。如果想要突破漁夫收入不高的門檻，就非得打破固有的體制不可。於是她開始研究各種可能性，她發現日本農林水產省有個針對改善漁夫收入所設計的「六次產業化」獎勵計畫，只要提出創新方案，就能夠得到一定金額的補助。所謂的六次產業化，就是從漁業捕撈、加工到銷售的完整過程。

坪內知佳先是聚集了一百名想要加入改革的漁夫們，成立了一個叫做「萩大島船團」的公司。當漁夫們出海捕魚時，他們會同步用 Line 直播當天捕撈的狀況，接受線上下單。所以漁船一入港，岸上的工作人員早已準備好把競標成功的漁獲，將它們送往日本全國各地的餐廳或是買家手上。這種「產地直送」的做法，不但能夠保持漁獲新鮮度，而且跳過了中間批發商的價格管控，能夠更有效地提升漁夫們的收入。在短短一年之中，公司業績由紅翻黑，也為這個原本死氣沉沉的小漁港帶來了更多活力。

這樣的做法，自然遇到傳統勢力的反對。有人開始在漁夫之間傳話：「坪內知佳根本就不懂漁獲，靠的只是一張能言善道的嘴而已。」、「想要做好漁業，就該上船一起捕魚！不要老是往大阪、東京那些大城市跑！」雖然不少當地漁夫知道她去東京、大阪，都是到餐廳逐家挨戶地推銷、跑業務，依舊不能讓這些流言蜚語停下來。

「想要得到漁夫們的信任，就是跟他們一起工作。」有一天，知佳準備了一整套漁夫裝，跟著長岡一起出海捕魚，看到坪內知佳出海，漁夫們這才真正打從心裡信服她，如今她也成了「萩大島船團」的老闆。

原本坪內知佳跟一般年輕女孩一樣，憧憬著能夠到海外旅行度假的生活。沒想到，中年以後迎接她的卻是截然不同的人生風景。推動漁業革新的她不但備受當地漁夫的肯定，就連批發市場的老闆們都對她刮目相看。

七十六歲退休阿伯，用竹子闖出一片天

日本從江戶時代就有把竹子磨成粉撒在菜園和農田上的習慣，藉由竹子維管束內的乳酸菌，可以提高農作物的產量。

有位七十六歲的新創事業負責人佐野孝志，他在重型機具公司上班的

時候，就曾代理過竹粉製造機。為了要販售這些機器，他仔細研究了「竹粉製造機」構造，發現當中有很多可以改進的地方。例如，乳酸菌大都存活在竹子的維管束裡，但現行的機器在粉碎竹子的時候，直接從縱面切開，維管束會被破壞，乳酸菌很快就會死光光，也無法產生活化土壤的效果。因此佐野孝志提建議這家竹粉製造機的老闆改良機器的操作模式，改由橫面切開，如此一來，就能增加乳酸菌的分量。

可惜這家竹粉製造機的社長認為：「你不就是一個業務嗎？哪裡懂得我們的專業？」根本不把他的建議當作一回事。

過去竹子在人們生活中運用範圍很廣泛，從食用的竹筍到各式各樣的生活用品都有。但是當生活中塑膠製品越來越多，竹子的實用性漸漸被取代，許多農村也放任竹子自然蔓生，造成這個原本應該為農村帶來財富的經濟作物，生長速度過快，若沒做好水土保持，遇到豪雨時，反而成了土石流的殺手。

佐野孝志想到許多靠著竹子維生的農家卻束手無策的情況，一直耿耿於懷。二〇〇六年，他從公司的常務董事職位退休之後，擔任東京大學森林利用學研究所研究員。他利用大學研究所裡各種科學儀器，加上東大工學部和農學部教授們的經驗傳授，總算開發出一款「高速竹粉製造機」。這款竹粉製造機，安裝了二十八片快速切割刀片，每天可生產一公噸大小、約三百微米的竹粉顆粒。他用這款高速竹粉製造機，進行了各種不同的測試。他測試水稻栽培後，發現玄米收穫量因此增加了百分之四十；在菜園的堆肥裡摻入竹粉之後，菠菜的甜度提高，其他像是地瓜、白菜也提升了一倍多的收成量，甚至連蔬菜的保存期限都因此延長了兩個星期。

佐野孝志的「高速竹粉製造機」所生產的竹粉除了運用在農業之外，也提供工業用途，將竹粉與塑料混合之後，不但可增加材質強度，還能讓塑料有效地在自然環境下分解，不致造成環境污染。目前像是 Panasonic 電器大廠也開始採用這類材質，當作自家電器外殼的主要材料，大受客戶好評。

今年七十六歲的佐野孝志曾說：「當我六十二歲創立 green network 時

就立下目標，要工作二十年，到了八十二歲，將事業交給後繼者之後，還要再活二十年，直到一百零二歲，才跟這個世界告別。」

許多人聽到佐野孝志這樣的計畫，都覺得不可思議。但十幾年過去了，佐野孝志的公司雖然資本額只有五千萬日圓，員工不到二十人，仍然以平穩的步調發展中。佐野表示，公司年度營業額已達到兩億日圓。

許多人退休之後，因為無所事事，頓時失去了生活重心和目標，身體和心理都開始快速地老化。佐野孝志到了六十二歲，勇於跨出舒適圈，一步一腳印地逐步完成自己的理想，不僅找到了讓自己的人生下半場發光發熱的舞台，也實踐了人生一百年的真諦。

國家圖書館出版品預行編目資料

當我們一起活到100歲：人生百年時代，日本教我們的那些事 / 福澤喬著. -- 初版. -- 臺北市：平安, 2021.12 [民110].
面; 公分. --(平安叢書; 第701種) (我思；05)

ISBN 978-986-5596-50-7 (平裝)

1.老人學 2.高齡化社會 3.生活指導

544.8　　110019428

平安叢書第701種
我思 05

當我們一起活到100歲

人生百年時代，日本教我們的那些事

作　　者—福澤喬
發 行 人—平雲
出版發行—平安文化有限公司
臺北市敦化北路120巷50號
電話◎02-27168888
郵撥帳號◎18420815號
皇冠出版社(香港)有限公司
香港銅鑼灣道180號百樂商業中心
19字樓1903室
電話◎2529-1778　傳真◎2527-0904
總 編 輯—許婷婷
責任編輯—陳思宇
美術設計—倪旻鋒、李偉涵
著作完成日期—2021年11月
初版一刷日期—2021年12月
初版二刷日期—2022年08月
法律顧問—王惠光律師

讀者服務傳真專線◎02-27150507
電腦編號◎576005
ISBN◎978-986-5596-50-7
Printed in Taiwan
本書定價◎新台幣300元/港幣100元